当代群众文化
与文化工作建设研究

梁焜/著

山西出版传媒集团
三晋出版社

图书在版编目（CIP）数据

当代群众文化与文化工作建设研究/梁焜著.--太原：三晋出版社，2023.8
ISBN 978-7-5457-2779-1

Ⅰ.①当… Ⅱ.①梁… Ⅲ.①群众文化—文化工作—研究—中国 Ⅳ.①G249.2

中国国家版本馆CIP数据核字（2023）第157468号

当代群众文化与文化工作建设研究

著　　者：	梁　焜
责任编辑：	张　路
出 版 者：	山西出版传媒集团·三晋出版社
地　　址：	太原市建设南路21号
电　　话：	0351-4956036（总编室）
	0351-4922203（印制部）
网　　址：	http://www.sjcbs.cn
经 销 者：	新华书店
承 印 者：	北京兴星伟业印刷有限公司
开　　本：	720mm×1090mm　1/16
印　　张：	8
字　　数：	200千字
版　　次：	2023年9月第1版
印　　次：	2023年9月第1次印刷
书　　号：	ISBN 978-7-5457-2779-1
定　　价：	62.00元

如有印装质量问题，请与本社发行部联系　电话：0351-4922268

前　　言

群众文化是当今社会生活中的重要组成部分,它的历史之悠久,内容之丰富,形式之多样,生命力之强盛以及对人类社会生活面貌的影响之深刻,都使得它愈来愈成为引人关注的研究对象。特别是,由于当今的群众文化发展都是和人们有意识、有目的、有组织的一种实践活动——群众文化工作及管理紧密相关的,因此,研究它们的内在规律以取得实践中的最大成功已显得十分重要和迫切。

而群众文化建设作为国家建设的重要组成部分,对人们的政治立场引导、精神文明建设等,都具有十分重要的促进作用。同时,各地区做好群众文化工作,在一定程度上可以提高国民的综合素养与道德水平。

群众文化工作是一项具有实际操作性的工作,群众文化理论也是一种实践性的理论。因此,研究群众文化理论,其更实际的意义就是为了指导群众文化工作实践,以进一步做好群众文化工作。在推动社会主义文化大发展大繁荣的大背景下,群众文化活动空前活跃地开展,人们对群众文化的地位和作用的认识也不断提高。群众文化活动是在政府、公益性文化事业单位引导和扶持下,在各种社会力量参与和支持下,以人民群众为主体,以自创自办、自编自演、自娱自乐等方式,实现自我表现、自我教育、自我服务的非职业性重要社会文化形态。群众文化活动涵盖群众文化事业、群众文化工作、群众文化组织、群众文艺团队及其活动,以及群众文艺创作等。

经过多年的努力,群众文化活动也取得了一定的成就,组织与策划也更加顺利。随着国家发展,群众文化活动也要马不停蹄地紧随时代的洪流,把科学文化知识带到人民群众中,让群众文化焕发出生机和活力。

基于此,各相关人员应精准把握时代的发展脉搏,大力推进地区群众文化建设,最大化地激发基层群众参与文化生活的热情,创建一个更和谐的文化交流氛围,以促进群众文化工作的开展。

目 录

第一章 绪论 ··· 1

第一节 群众文化的概念 ··· 1

第二节 群众文化的本质特征 ··· 8

第三节 群众文化产生和发展的规律 ··· 22

第四节 推动群众文化建设的价值与意义 ··· 25

第二章 群众文化的形态 ··· 30

第一节 城市群众文化 ··· 30

第二节 乡镇群众文化 ··· 37

第三节 农村群众文化 ··· 46

第四节 社区群众文化 ··· 56

第三章 群众文化队伍建设与管理 ··· 61

第一节 群众文化队伍的组织方法与建设目标 ··· 61

第二节 群众文化专业队伍的管理 ··· 66

第三节 群众文化骨干队伍的管理 ··· 72

第四章 群众文化工作 ·· 77

第一节 群众文化工作的内容、任务和基本原则 ··············· 77

第二节 新时代群众文化工作的新要求 ························· 98

第三节 现代公共文化服务体系建设 ··························· 103

第五章 新媒体背景下群众文化工作建设 ···················· 108

第一节 新媒体时代的发展 ·· 108

第二节 新媒体时代的群众文化工作 ··························· 112

第三节 新媒体在群众文化建设中的发展路径 ··············· 116

参考文献 ·· 122

第一章 绪论

第一节 群众文化的概念

一、群众文化概念在中国的形成

人类精神财富产生、发展、成型的历史证实,自从劳动创造了人本身,继而人类有了制造、保存工具和使用、保存火的复杂行为,从而独立于动物之上。此后,群众文化便作为人类行为不同于动物行为的重要标志展现出来。虽然类似现今群众文化的文化现象早已呈现在整个人类文化历史中,但真正形成"群众文化"这一概念,在中国还是近代的事。

史学家们几乎一致推断,人类初民早在远古旧石器时期,就出于劳动与情感交流的需要产生了原始文化。但是由于人类文化发展在早创阶段还没有语言或语言的符号,初民们也不可能意识到记史的做法将会产生多么重要的作用,故而至今还没有发现史前石器时期有对当时群众文化现象思维概念的称谓。但在数千年前古文明期间,曾对史前期与当时出现的群众文化或它的局部现象有过种种指称及其演释,如"宾日、饯日、舞雩、社火、俗乐、伎乐、舞队、俚歌"等。

在近现代中国,对群众文化这类文化现象则有"通俗教育、平民教育、民众教育、通俗文艺、大众文艺、民间文化、革命文艺、社会文化"等指称,称谓由局部逐渐涵盖群众文化的整体,并力求与其本质靠拢。

在当代文化学术界,对群众文化这一概念及其内涵的认识虽然还有不尽一致之处,但随着专家学者的不断研讨验证,已得到越来越多接近一致的认同。

二、群众文化的概念与特点

由于群众文化是全人类精神文明与社会生活、社会机制的重要构成,因此它在世界各地普遍存在,具有全球范围的广泛性;而世界各地的群众文化,由于时代、地域、民族的差别,以及人们认识的差异,信仰、习俗、个性与文化传统等方面的不同,故内容与形式、称谓和概念又有着明显的差别。

据现有资料,国外根据群众文化的概念与特点,大致有以下几种称呼。

(一)群众文化

明确认为群众文化的主体是广大人民群众。群众文化是一种文化宣传活动,它将民族化和大众化统一起来,为人们所喜闻乐见。

社会主义性质国家的各级文化部门、事业机构经常根据党与政府关于群众文化的总体要求,布置和安排具体的工作任务,并有专门的指导机构与活动场所——文化馆、站(也有称"文化会馆、文化中心")。群众文化还包括了多种多样的创作活动,如苏联的群众文化活动就包括了"在文学、戏剧、音乐、绘画,舞蹈艺术和其他种类的艺术领域中群众性的非职业性的艺术创作"。并认为这种业余艺术活动从形式上看,具有突出的民族性。从表演成员、传承过程、艺术流派、审美属性以及为千千万万劳动群众所喜闻乐见并反映他们的社会进步要求来看,更具有高度的人民性。

在西方,有人认为群众文化的"群众"的含义是"有一定的影响力"并"带有被动性,容易轻信,而致受人摆弄"。而有的社会学家,如法国的路易·阿拉贡则在他的《群众文化或不被接受的题目》一书中,对于这种他认为的新型文化招致的异议、抗拒或提防表示愤慨,并故意选了"群众"一词来陈述,以示这个名词附带了明显的社会政治和意识形态的标记。

(二)社区文化

通常指聚居在一定地域范围内的人们在所处的社会生活共同体中所从事的各种社会性文化活动。社区文化中一般有着传统的文化生活方式与共同的归属心理特征。因为每个社区都有特定的地域、人口、区位、结构和社会心理因素,所以人们对自己所处的文化共同体有着相应的认同意识。

国外社会学家、文化学家多以发展程度把社区划分为古老、新兴社区;或按经济发达程度划分为贫困、发达社区;也有按规模层次划分为城市城镇、乡村等大、中、小型社区和以产业特征等来划分社区。

在社区文化中,日本的公民馆以提高居民修养、增进健康、活跃文化生活、发展社会福利为宗旨。为适应市、镇、村及其他一定社区内居民的社会生活需要而兴办的有关教育、学术和文化事业的设施,是由社区中的公益法人设置并管理的。在英国,一些城市社区的"社区学院"运用各种文化设施,向居民提供教育与学习的机会。美国的社区文化,在发达的新兴社区,都市化、现代化的文化特色明显,异质文化流变不居;而在古老的,相对贫困的社区,则传统的民族、民间文化特色浓厚。

随着现代工业化程度的提高,人们交往交流的频率不断加快,社区文化的局部区域性、乡土性特点日趋弱化,但先进的社区文化特质则正在强化。

(三)人民文化

"人民文化"在法国等国家指的是与专业性较强的文化相对应的一种文化形态。这种群众文化观所指的"人民"并非指全体人民,而是他们观念中的"人民阶层"。他们认为只有那些富有的受过教育的特权者才能够获得"高级形式的文化"。而对于其他形式的文化,人们既不称它是中级的,也不说是低级的,而是称之为"人民的"。

人民文化又不单纯是民间艺术,还与整个生活方式有关,包含着介于生和死之间的许多经验和活动的文化影响。越来越多的学者认为人民文化具有更大的教育价值,它蕴含着能够使"人民"阶层参与"高级形式的文化"生活的一切手段。人民作为人民文化的对象,应该参与改造和升华的过程,同时又要保持构成其特殊性的真正价值和生存方式。

(四)大众文化

大众文化在西方国家指的是将大众传播媒介与集体文化活动结合起来

形成的一种文化形态。联欢会演、大型演出、民间音乐会以及某些体育表演都可能是集体文化活动。自从大众传播媒介能让普通人随时接触以来,大众便成了文化的主体。如:演出或节目播送走出了国界,可以送达不同国家的几千万甚至几亿的听众或观众;德国柏林交响乐团的演出,在欧洲同一个晚上曾有一亿两千万人收听;而美国的首批人类登上月球的壮观画面,几乎全球都可以通过电视看到。

(五)终身教育

终身教育对个人而言是人生的一贯教育,对社会而言是全体国民、全人类的教育。终身教育与社会整体紧密相连,在一切生活领域里都存在着教育功能。文化是具有最重要的教育功能的一个领域,因此也有称"终身教育"为"终身文化"。持这种观点的人还认为:凡是文化,本质就在它的不自足性,必然要求不断丰富、不断更新,否则就会停滞、消亡。

美国的终身教育由家庭教育、学校教育、校外活动、成人教育这四个领域组成,文化的多样性教育是其显著特点。例如,在终身教育的继续教育中,强调大学开放,大学要对地区社会的自治、娱乐、就业提供帮助。

法国的终身教育活动主体包括民间团体与公共机关,都非常重视辅导员的培养,不仅培养体育运动方面的辅导人员,而且培养文化艺术方面的辅导人员。德国的市民大学,相当于日本的公民馆,其活动内容十分广泛。

丹麦义务教育的大众化延长到前期中等教育,其内容不断扩大并向多样化发展,如提供一般正规学校不授予的教育内容——劳动运动教育、民间艺术教育等。

(六)闲暇文化

闲暇文化多指人们在业余、空闲时间从事的文化活动,且有三种功能:休息、娱乐、自我开发(包括陶冶人格)。其中自我开发功能被特别重视,该功能以闲暇作为终身教育的机会,如此来运用闲暇,闲暇才不仅是权利,而且能展现其自身的价值。闲暇具有最大的开展文化活动的潜能。

在日本,人们从现实出发,由开始"产生闲暇的指导"到"善用闲暇的指导"作为认识和运用闲暇文化的教育功能与娱乐功能的一个过程。但是,受西方价值观的影响,一些大众拙劣地使用闲暇,招致劳力和金钱的浪费,导致危害社会的行为和其他不良行为的产生,并成为社会不安定的因素之一。而高度市场化与高度工业化的生存环境,以及由此形成的社会分工的高度专业化,带来了个人人格的分裂或自我异化,使人们重新审视闲暇文化,并以此解除身心疲劳,作为再次劳动的准备和恢复个人健康人格的机会。所以一些国家除了注重闲暇文化的娱乐性,还注重其教育性,让人们在提高运用闲暇能力的过程中,进行更好的自我开发。

国外群众文化的概念与内涵虽然互相存在差异,也可能还有其他的称呼与外延,但其所指的主体,大多为广大人民群众;在活动的内容与形式间呈现着明显的广泛性与社会性;在现代,更加体现了传授与自我开发的功能。随着时代的发展和社会的进步,它正向着高品位与多层次不断演进。

三、关于群众文化的定义

群众文化这一专用名词是由"群众"与"文化"两个名词组成的。

所谓群众,群,即众。殷代甲骨文里称生产的奴隶为"众","王大令众人曰协田"。群与众完全可以互训。"群众"泛指多数人、许多人、人民大众。群众两字的合成使用,首见于《荀子·富国》:"功名未成,则群众未县也,群众未县则君臣未立也。"《后汉书》中《申屠刚传》亦有"羣(群)众疑惑,人怀顾望。"两千多年前的"群众"与今日的含义大体一致。

"文"的本义,指各色交错的纹理,引申为包括语言文字在内的各种象征符号。许慎《说文解字》中,"文"通"纹",指的是一种精神规范。"化"则有变。"化"的含义是二物相接,其一方或双方改变形态性质,又引申为教行、迁善、告谕使人回心、化而成之等。"文"与"化"的并联使用,早见于战国末年儒生编撰的易传《易·贲卦》的《象传》:"刚柔交错,天文也。文明以止,人文也。观乎天文,以察时变;观乎人文,以化成天下。"束晳《补亡诗》又说:"文化内辑,武功外悠。"文治与武功相对应,文化是作为一种运动过程。在中国人的传统观念中,文化亦谓文治教化,共同的文化可以促进中国各民族的密切联系,是中华民族内聚力经久不衰的重要原因。时人又多以为文化的含义应是科学、艺术、道德、法律、风俗、习惯等的综合体,是特定条件下的规范运动。

文化,从广义上说,指人类社会历史实践过程中所创造的物质财富和精神财富的总和;从狭义上说,指社会的意识形态,以及与之相适应的制度和组织机构。

但是,群众文化并非是"群众"与"文化"两个名词一般意义的组合。它是一个特指的文化类型,具有特定的含义。群众文化的定义是人们在职业外,自我参与、自我娱乐、自我开发的社会性文化。

群众文化是一个集合概念,它是包含着群众文化活动、群众文化工作、群众文化事业和群众文化队伍在内的具体概念。在"文化"这一概念下,群众文化与其他文化类的根本差别从内部特质来讲为人们的"自我参与""自我娱乐"与"自我开发",而"职业外"则是它的外部形态。

群众文化的运动过程,无不体现着个人之间、群体之间的交互作用及作用方式,有着明显的社会互动关系。在构成社会的人、自然环境和文化三个基本要素中,群众文化是参与人数最多与最重要的文化类别。群众文化还涉及人类社会的各个领域,是社会全体成员不可缺少的组成部分。参与的全民性、活动地域的广阔性、活动内容的普及性均体现了群众文化的社会性。

群众的自我参与、自我娱乐、自我开发,是人们以自我的意识和意志认识和把握群众文化这个对象的主观实践。

自我参与,在群众文化中显现着以自我为主体的自愿、自由、自为的个体意识,也活跃着自我对群体的加入,自我意识欲和他人相互作用的集聚意向。群众文化是自觉自愿并与一定的文化群体发生关系。它的基本群体构成,无论是在家庭、邻里、工作班组或是地域、民族中,没有个体自我参与基础上的集合,没有与他人的互动,都不可能发生群众文化这一社会历史现象。

自我娱乐,是人们的一种基本精神需求,也是群众文化的一种基本动力。群众文化产生与发展的重要原因之一就是人类在生产劳动后需要以自我娱乐进行自我调节与自我完善。人们的文化活动被这些需要所驱使,就以活动动机的形式表现出来,朝着一定的方向,追求一定的对象,继而产生属于群众文化范畴的行动,以获得自身的满足。

自我开发,是人们参与群众文化的目的之一。古时人们曾依托群众文化重演劳动过程,认识与传承生产的知识技能,教育氏族成员。而"寓教于乐"则在潜移默化的过程中使人们的智能得到开发,这一效应贯穿了从古至今的群众文化活动。因此,自我开发也是群众文化的显著成果之一。自我开发的良性循环,使人们在思想素养、文化水平等方面得到不同程度的提高,从而让群众文化呈现出涌动不息的活力。

从群众文化主体所从事社会劳动的分工特征看,这一种社会性文化又是在职业(工作、劳动与学习)之外进行的。

在史前蒙昧时代和野蛮时代,初民们基于繁衍与生存的需要,往往是无一例外地卷入群众文化中。但是当一些原生文化形态萌发,及文明时期陆续衍生的新生态文化入世后,群众文化就先后派生了专业的巫觋、女乐、倡优等借以谋生的文化人。也正因这类文化人的职业化走向,此类文化也就从群众文化的营垒里裂变出来。当然,专业文化人所创造的文化成果是群众文化从事文化艺术欣赏活动的重要对象。但从专业文化人本身的职业特征来讲,他们的文化投入含有相当部分的商品意识,并受到经济价值的制约,因而"他人参与"远远大于"自我参与"。在群众文化活动中,也有人因为某种需要暂离民间。当代群众文化活动中也常有集中培训、脱产排练之举,但由于这些还是属于群众文化长期效益的一种行为,所以,仍为群众文化的一个组成部分。换言之,倘若古代艺人专在宫廷从艺献艺,当代文艺骨干长期脱离原来劳动岗位,而将文化艺术活动职业化,那么,他们就成了为少数人或群众服务的古今专业文化工作者了。专业文化人的社会分工是以从事文化活动为职业,并以此为社会服务,取得相应报酬。在"职业外"开展文化活动是群众文化和与其相对而言的专业文化在外部形态上的界别。

第二节 群众文化的本质特征

一、群众文化的群众性

(一)群众性的丰富含义

群众性是群众文化在其主体方面所固有的显著特征。从一般的意义上去理解,作为论述对象的群众文化,便是全体人民大众以满足自身精神需求为目的而进行的文化行为以及成为客体的物化成果。从这种角度上看,群众文化的群众性可以说是全民性的同义语。然而,在理论上把群众性作为群众文化的本质特征来分析时,它就不仅仅像全民性那样主要是群众文化活动主体的量的显示,而是具有更为丰富的含义。

第一,群众性表明群众在群众文化中的主导地位。一方面,在阶级社会里,群众文化是指被剥削和被压迫的劳动群众的文化,它与反动统治阶级的文化尽管有千丝万缕的联系,但却相对立而存在。在消灭了剥削阶级的社会里,群众泛指所有人民大众,任何群众性文化都是人民大众的文化。在这里,群众性表明群众文化是人民大众所拥有和享受的精神文化。另一方面,群众作为群众文化的主体,是群众文化发展的驱动者和调节、支配的力量。群众文化能在数千年历史长河中不断成长、发育、更新和走向成熟,其动力何在?显然是世世代代的劳动人民,是他们的文化需求和文化创造这对矛盾的力量,推动着群众文化随着社会的进程而不断发展。同时,在群众文化的历史进程中,劳动群众以自己的审美意识和创造能力,自如地驾驭群众文化客体,进行能动的群众文化继承与创新,充分显现自己对群众文化的自觉调节与支配的力量。群众文化之所以为群众的文化,正在于它给人以精神自由,使人自由地展现其意识和情感。不然,就失去了群众文化的意义,也失去了它发展的内力。可见,群众在群众文化中具有不可动摇的主导地位。

第二，群众性表明群众在群众文化活动中的自我性，即人民群众自我进行的一切真正意义上的业余文化活动，其目的都是满足自身的精神文化需求。一部人类群众文化史，实质上就是人民群众继承、创新、传播并在其全部过程中享用这种群众文化的历史。在现代社会，各种社会制度特别是社会主义制度下的劳动群众，比以往有了更为充分的发挥文化才能的机会、条件和享受文化的权利，不仅能享受到日益丰富高雅的文化生活，而且日益广泛地直接参与各种形式的旨在表现自我的文化艺术活动。这种进步的根本原因，不外乎人类社会精神、物质的文明和与此同时人的素质的不断提高，而这种社会文明又是同群众文化的自我性紧密联系的。我们还可以看到这样一种客观现实，随着人类社会的不断进步，人们对于精神文化的欲求在质和量两个方面也逐渐提高，因而，群众文化领域越来越成为人们满足自身精神文化需求的重要途径。这样，群众在群众文化中的自我性也将更为突出。

第三，从群众在群众文化中的主导地位和自我性中，我们可归纳出群众在群众文化中的自主性。这种自主性，一方面体现在群众文化发展的驱动者和调节、支配力上；另一方面，体现在群众对文化形式与内容的选择、评判等决定群众文化现象的作用上。具体地说，人民群众总是自觉地利用一切群众文化的手段去表现人民群众自己，歌颂人民群众的优秀品德与智慧，鼓舞人们精神振奋地投身社会实践。因此，群众文化无论在内容上还是形式上，都是适合广大群众的需要的，表现出其显著的功利性，即人民群众总是通过群众文化来反映自己的生活和变革要求，表达自己的愿望和要求。正因为这样，群众文化具有鲜明的、直接的人民性。

群众文化的自主性，还表明一切进入群众文化生活领域的文化艺术产品都要由群众检验。不仅作为"专业文化"的文学家、艺术家生产的文艺产品在进入群众文化领域时要由人民群众来评判与选择，而且民间所进行的各种文化活动及其所产生的文化产品，也只能由人民群众去检验其优劣。从总体意义上说，群众也总是以社会的主人翁姿态，用社会价值观念来检验所有的文化艺术。因此，在社会主义国家的群众文化发展过程中，当一种有害的文化艺术出现时,社会就会出现一种本能的抵制,产生与之抗衡、较量的文化现象。这就是人民群众对之检验后所做出的敏感的反应。

(二)群众性对社会的要求

群众在群众文化中的主导地位、自我性以及自主性,从群众对于群众文化发展的积极性、主动性和自觉性方面证明了群众文化的群众性特征,而当我们把视点移至这种群众性的社会关系方面时,可以发现,它还表现在群众的文化生活对社会的种种客观要求上。

第一,群众文化的群众性,要求社会的群众文化的供给、服务对象是全体人民群众,而不因社会阶层、民族、地域和职业、年龄等方面的不同而产生差别。一个人自幼儿至老年的生命历程的各个阶段,都有其不同的精神文化需要,都有参与各种文化艺术活动的欲求。从时代的纵向看,不同历史时期,都有与当时社会状况相适应的群众文化,在社会发展日新月异的当今与未来,群众文化更是每个人不可缺少的精神生活内容。从现实社会的横向看,不同国别、不同民族和不同思想文化修养的人,都有各自的群众文化需要。由于物质条件的差异,他们的文化需要也有着差异性,对群众文化的质与量的要求不会也不可能达到相同的水准。但只要是正常的人,绝对不会没有文化生活的需求。因而,社会相关部门、机构应当把全体人民作为群众文化的供给、服务对象,不能有所偏视或遗忘。这是群众文化的群众性所规定的基本要求。

第二,群众性要求社会努力满足群众的文化需求。这与群众文化的服务对象,是同一问题的两个方面。一个是服务的"面",一个是服务的"质量"。这种质量上的满足,集中体现在普及与提高两个方面,如何对待普及与提高的问题,实质上就是群众文化事业建设的群众观点问题。群众文化的普及,就是把最急需的和容易接受的群众文化提供给人们。在覆盖面上,要求把群众文化普及到全体群众中去,尽可能达到最广的面和最多的人员。在群众文化的内容上,要求既符合广大群众的利益,又适合他们的文化知识水平、艺术鉴赏水平和欣赏习惯。

努力地满足群众逐步升高的群众文化需求。与普及一样,提高也是群众文化工作的重点问题。提高只是相对普及而言的一种层次,当在普及的基础上出现了新的提高,原先的提高也即成了普及的层次。可见,群众文化的普及与提高是相互联系和相互促进的,是群众文化永恒的发展方式,它们永远受制于群众文化的群众性的客观要求。

第三,群众性要求社会的一切群众文化活动必须符合群众的意愿。自愿性是群众文化活动的规律性表现之一,任何真正意义上的群众文化活动,都必然是合乎人们意愿即群众自发组织或自愿参与的活动。如果没有群众的自觉和自愿作为前提,一切群众文化活动都会因徒具形式而失败。而当人们选择了自己有兴趣的适合自己需要的文化活动,他就会产生自愿参与的热情。所以说,尊重群众的意愿是开展一切群众文化活动的先决条件。[①]当然,我们所说的群众意愿是从总体上说的社会性的群众意愿,是同社会发展和全体人民群众利益相一致的意愿,而不是从个体上说的群众每一份子的意愿。从局部和个体来说,其群众文化的需求和意愿并不一定都是与社会的价值观相一致的。所以,应当在分析和区别的基础上,引导群众的文化的审美情趣,改造个体不符合社会要求的价值观念,使之符合人民群众的根本利益。这样做,是从宏观上尊重了人们的群众文化意愿。

第四,群众性要求不断提高群众的文化实践能力和占有水平。文化实践能力是由人们的文化科学知识水平和文艺鉴赏水平决定的,提高实践能力就要求在原有基础上提高人们的文化科学知识水平和文艺鉴赏水平,从而激发他们的创造精神和增强他们的创造才能。显然,这是全社会的共同任务。人们的群众文化占有水平是同他们的文化实践能力密切相关的。

总之,群众文化的群众性特征,不仅从人民群众在群众文化中的主导地位、自我性和自主性三方面表现出来,还表现在人民群众对社会中的种种群众文化的客观要求上。这些形成群众性特征的表现是由群众文化本质所决定的。而群众文化的群众性特征的实践意义在于,使社会的有关方面增强群

---

① 玉山江.艾克木.走群众路线依靠群众维护民族团结[J].魅力中国,2013(23):369.

众观点,在尊重群众意愿的前提下创造条件,尽力满足全体人民群众的精神文化需要。

二、群众文化的自娱性

(一)自娱性的重要意义

每一个正常的社会人,都有享受愉悦的要求,而以文学艺术为中心内容的群众文化的一个外在特点,就是娱乐性。这样,群众文化的主客体便以娱乐为中介构成了紧密的联结。人们在求乐心理的驱使下,怀着或赏心,或悦目,或益智,或健身等的期望,通过群众文化活动获得心理和生理上的满足。所谓自娱,就是这种使自己快乐、愉悦的精神活动的过程。显而易见,在这一过程中,娱乐是群众参与文化活动的最直接的目的。人们收看电视节目,文艺爱好者登台表演,喜庆节日舞狮迎灯,体育迷球场竞技,等等,其文化行为的动力往往来自他们的求乐心理。

群众文化的自娱性特征,鲜明地表现在群众文化历史中。溯察原始人民的文化活动,就是以求乐为主要目的。《竹书纪年》中记载的"击石拊石,以歌九韶,百兽率舞",今人认为这是四五千年以前的先人的舞蹈活动,是原始人"以轻松的形式把自己的心情和感受传达给别人,表现一下自己的满足和从原始生存中得来的欢快"。

自古至今,群众文化之所以历久不绝,代代出新,其奥秘之一就在于任何时代、任何地方的群众文化都具有鲜明的娱乐性。诚然,从社会的角度来看,群众文化的娱乐性的作用,不仅仅是满足人们的愉悦心理,它还具有多方面的社会功能。例如,由娱乐活动的思想内容所产生的教化功能;因娱乐活动使人消除疲劳,促进生产的经济功能;由娱乐活动激发人们的情趣,提高其审美情趣而形成的审美功能;等等。这些由于群众文化的自娱性起作用而产生的社会功能的客观存在,就是人类群众文化充满生机、蓬勃发展的根本原因。假如群众文化不具有娱乐性,那它就必然黯然失色,而缺乏引人自娱的魅力,当然也就难以想象它还有什么生机与活力。

（二）自娱性的形成原理与类型

群众文化的自娱性这一特征的形成是一个心理范畴的问题。人的心理活动的一个重要方面是情绪和情感。情绪是与生理需要相联系的,当生理上的需要在群众文化活动中得到满足时,就有快乐的情绪体验。快乐是人最基本的四种情绪之一(另外三种是愤怒、恐惧和悲哀),通常是盼望的目的达到后继之而来的紧张解除时的情绪体验。群众文化就是获得这种快乐的情绪体验的最佳途径。情感则是人所特有的同社会性需要和人的意识紧密联系的心理现象。群众文化的娱乐特征必然会作用于群众文化活动中作为主体的每一个人,并结成一种审美关系,产生具有具体内容的审美情感。当群众文化活动中的主体之间有了共同情感,就产生了所谓"同声相应,同气相求"的共鸣现象。这就是群众文化的自娱性特征形成的心理缘由。

现代科研充分证明,文化娱乐作为人的情绪与情感的审美体验和表达对象,对人体的健康是十分有益的,因为适度的愉悦对人的心理功能具有良好的调节作用。俗话说"笑一笑,十年少",是具有乐而益健的科学道理的。一位生理学家说:愉快可使你对生命的每一个跳动,对于生活的每一个印象都易于感觉,不管躯体还是精神上的愉快都是如此,可以使身体发展,身体健康。从社会的角度来看,人们参与和享受一定的文化娱乐生活,也是人类社会实践的需要。人的生命活动是张与弛、劳与逸的结合。

适度地进行一些轻松欢快的文化娱乐活动,对于消除疲劳,恢复脑力和体力,增加劳动者重新投入劳动的精力,都是十分必要的。可见,思乐、求乐是人之常情,群众文化的自娱性,就是群众文化主体的这种娱乐心理同群众文化客体的娱乐特性相统一的结果。

然而,不同的群众文化的娱乐性和不同的人的娱乐心理,都具有很大的差异性。不同的年龄、性别、职业,不同的经济条件、文化修养、风俗习惯和兴趣爱好的人,有不同的求乐动机和娱乐条件,从而直接影响自娱性文化行为的性质,并使自娱性群众文化活动呈现不同的类型或层次。

从人的娱乐动机所实现的自娱性群众文化活动的性质、品性上分析,自娱心理和娱乐行为可区分为有益型和无益型(或称有害型)两大类。凡是有利于人们身心健康的,无论其益的程度如何都属于有益型;反之,则为无益型。只有适度才能达到自娱的有益的目的。

在不同的国家不同的历史时期,对群众文化的自娱心理及其行为的"益"与"害"的判定标准有一定的差异。无论在何种社会意识形态之下,群众文化自娱心理的产生、演变的基础,受一定社会的政治、经济条件的影响。这些条件的变化,引起群众文化自娱心理产生相应的变化。当今人类社会,大众的文化娱乐鱼龙混杂,但占主导地位的是有益型娱乐。由于群众文化具有普遍意义上的自娱性,在社会主义和资本主义不同意识形态的国度之间,群众文化成为不同意识形态相互渗透、传播的重要途径和领域。由此,群众文化比以往承担着更繁重的思想教化责任,群众文化的自娱心理以及文化行为也呈现出更为复杂的态势。因而,对人们的群众文化自娱心理进行必要的引导,日益成为社会调控的重要内容。

(三)自娱心理与其他文化心理的关系

以上我们单线性地对群众文化的自娱性从"乐"的角度进行了探讨,而当我们把视野从人们的自娱心理扩展到其他心理领域时,可以发现,群众文化的自娱性往往联结着其他心理需求。主要表现在:一是同求美心理的联系。群众参与文化活动,首先接触到的是客体的外部美,并由感官直觉引起思想感情活动而深化到理性认识,享受其内在美。这种审美快感与自娱性是不能分离的。人们参与文化娱乐活动,一般是为了获取美的精神享受,凡是感官、神经健康的人,无一不在自觉或不自觉地追求、接受群众文化的美。审美快感的实现,又成为求美的新动力,循环往复以至无穷;二是同求知心理的联系。求知是人类的本性,社会的发展和知识的迅速更新,在不断地刺激着人们的求知欲。而群众文化的活动以及成为知识载体的成果,不仅含有丰富的信息量,并且还是一种令人喜闻乐见的形式。于是,群众文化日益被人们所注重,人们乐于不失一切时机地参与群众文化活动;三是同求健心理的联系。

身体健康是最大的幸福,而适度的文化娱乐有益身体健康。这是人所共知的道理。随着社会的不断进步和物质的不断丰富,游艺、体育运动的新形式不断出现,文学艺术活动越来越普及,群众文化日益成为人们求健的途径。所以,群众文化中的乐与健的心理联系也将更为广泛;四是同自我表现心理的联系。集体性的群众文化活动,能使人充分地发挥自我潜能和肯定自我价值,充分地展示自己的智慧和才华。可见,各种文化心理都与自娱心理浑然一体地表现于群众文化活动中,它们既独立又相联系,构成相辅相成的有机整体。因而,也使群众文化的自娱性特征更为显著。

三、群众文化的传承性

(一)传承的机制与意义

一定时代的群众文化总是一定时代的经济和政治的反映,总是伴随着一定的经济形态而产生、发展的。然而,作为意识形态的群众文化一经产生就具有相对的独立性,并有自己的发展的特殊性。其中一个重要的表现,就是它同以往时代的意识形态、群众文化产生割不断的联系,要受其作用和影响,从而形成自己独特的发展方式;每个社会、民族,在各个时代都是通过不断传承而形成其群众文化传统,并在此基础上发展和创造出新的群众文化的形式与内容。这种使群众文化成为一个不间断的连续存在的特性,就是群众文化的传承性。

之所以有这种传承性,是因为群众文化的发展都必须且必然是在已有的群众文化历史的基础上进行的。马克思曾指出:"人们自己创造自己的历史,但是他们并不是随心所欲地创造,并不是在他们自己选定的条件下创造,而是在直接碰到的、既定的、从过去承继下来的条件下创造。"这是社会生活的一般发展规律,也是群众文化的一般发展规律。群众文化自萌芽后的全部历史,就是不断传递、保存、延续、创造的前后相承的过程,是一个由低级向高级,由简单到复杂的循序渐进的过程。任何时代和任何地方的群众文化都不可能截断它的发展、抛开它的历史而重新开头,也不可能跨越历史超前发展,而总是随着整个社会的进程在原有群众文化的基础上发展。所以说,所谓群众文化的传承性,是指群众文化发展的一种时间序列形式和社会遗传性。

承续群众文化的"遗传基因"是一个民族的群众文化的心理结构。社会的文化思想,特别是统治阶级的文化思想,在历史进程中无孔不入地渗透在人们的观念、行为、风俗习惯、思维方式、伦理道德、社会价值之中,构成国家、民族的相对稳定的心理结构和性格特征,形成人们相对稳定的群众文化价值观,并建构起群众文化的传承机制。这种传承机制集中地体现出一种保持群众文化的民族特色的心理内驱力。

所以,每一时代的群众文化对于传统群众文化的继承,总是根据所属时代、阶级的需要,以群众文化价值观为内在尺度,有选择地接受一些抛弃一些,并不是毫无选择地兼收并蓄;总是继承那些合乎一定群众文化价值观念的、先进的、优秀的遗产,而不可能是不加区别地全盘传承。群众文化的发展史就是这样一种世代依次交替的除旧布新和推陈出新的前进过程。这就是肯定、否定、否定之否定的辩证法的规律在群众文化发展中的反映。

从这种本质的意义上来看,群众文化的传承性是一种历史的联系和循环的过程。具体地说,任何时代都必然会从前辈那里接过群众文化的一些形式和内容,注入现实的生活内容,创造新的形式,树立一个发展阶段的里程碑。这一新的发展阶段又传给下一代,成为下辈群众文化发展的必要基础。因而,假如我们把人类社会的群众文化发展史当作一个无限延伸着的物体,从其纵剖面来看,它是一条时代性的链条;而从其横截面来看,它则铭刻着一个个时代的生活内容和社会形态的印记。由此我们又可以这样认为,群众文化的历史传承过程实质上就是一个不断创造的过程。无论人们是否意识到,事实上他们都是群众文化的传人,在进行着群众文化的创新和传播。假如没有这种创新和传播,群众文化发展的历史链环就会因此中断而得不到延续。

群众文化的传承性表现在它的内容上和形式上。从内容来说,每个时代的群众文化,一方面从过去的群众文化中接受其思想上的影响,汲取其思想上的精华;另一方面又教育着当代的人们,并给予后代群众文化以思想的影响。从形式来说,世界各民族的群众文化之所以呈现出截然不同的特色,在群众文化的表现形式和表现技巧等方面各有独特之处,是各民族的群众文化形式在历史的发展中代代相承的结果。群众文化无国界,无论是内容还是形式,它不仅传承本民族的,也传承人类创造的一切有价值的群众文化的成果。

(二)传承过程中的创造性

这里所使用的"传承"的概念,有别于"继承"。继承是指继续或接续,是承受前人遗留之物或做前人未完之事,是一种继承者的自觉的行为。而传承则包含着承继和下传,是指承上启下、承先启后的历史关系,并在其中必然地包含着创造的成分作为下传的必要条件;它有自觉行为和不自觉行为两个方面。传承性作为一般的哲学概念,是事物发展的客观过程的基本属性。群众文化的传承性正是这样一种承与传的动态过程。[1]

这种传承关系意味着群众文化的传承性不仅是一种发展的过程,而且是继承与创造的辩证统一。在这里,"承"与"传"的是前人所积累的群众文化成果即群众文化遗产,同时又批判地分析和创造性地革新这些群众文化遗产。继承是对以往的群众文化成果的肯定的一面,创新是对以往的群众文化成果的某种扬弃和否定的一面。在这里,没有继承便没有创新,创新中包含着继承的因素。只有这种创新,才不至于使传承成为对群众文化历史遗产的重复,也才能使群众文化永葆其随历史发展的内在活力。从这种意义和层次上说,创造性与继承性同样是群众文化的特征;即使在群众文化的传承性之中,作为要素之一的创造性也居于主要地位,因为它决定着传承的活力和发展的方向。之所以这样认为,是因为群众文化传承性中的创造性在群众文化的传承过程中具有关键的作用。

第一,其创造性能够突破群众文化传承过程中的许多客观因素的制约。群众文化的传承性具有一定的特殊性。一般说来,它不仅较物质生产领域的传承关系复杂,而且较社会精神生活领域中某些其他的传承关系复杂。因为

---

[1]刘丽丹,蔡洪久.群众文化建设中东北传统艺术的传承与发展[J].今古文创,2021(47):2.

群众文化的发展虽具有相对独立性,但却是在经济、政治、文化等的"合力"作用下进行的。它们对群众文化的历史成果和现实必要性,具有不尽一致的解释与选择,具有不尽一致的价值判断和态度,或者说可能有悖于群众文化发展的客观规律。在这样的情况下,群众文化的创造性的功用,就能使群众文化在种种特定的发展环境中维持生存和发展,适应和续传。

第二,群众文化传承性中的创造性能够突破群众文化传承过程中的许多主观因素的制约。毫无疑问,我们所要继承的优秀的群众文化遗产,是具有普遍意义的事物同具有具体历史意义、现实意义的事物辩证地交融的结合体。正因为这样,它具有相对稳定性并在以后的群众文化发展中发挥作用。这些优秀的群众文化遗产虽然是社会意识筛选过的创造性成果,但是,它主要的可贵之处在于不同程度地表现了一定历史时期的社会生活,在于适合一定历史时期人民群众的审美需求,而要继承过来用于当今群众文化则不一定完全合乎现实。人们的群众文化需求决定于一定时代的社会环境与历史环境,如果不是根据时代的变化和根据人们的现实需求对群众文化遗产进行必要的选择和创新,就不能有效地继承和发扬群众文化遗产的优秀成果,也就不能满足当今人们的群众文化需求。唯有创造性,才能使群众文化适应其主体主观因素而不断发展。

第三,群众文化传承性中的创造性能够且应该破解意识形态的复杂性。群众文化不同于自然科学,自然科学的成果能为人类普遍认可;群众文化的意识形态性,使得它的传承机制复杂化。以往的群众文化遗产进入现在一定范围的群众之中,要以他们的意识形态所规定的共鸣为条件。按理说,作为优秀的或非优秀的群众文化遗产,都容易做出吸收或排斥的反应。可是,往往会有这种情况,由于一些中介因素的作用,使一个时代不是直接地承继上一个时代的群众文化成果,而要隔代承继发扬,呈现非直线性的螺旋式发展。这样,群众文化的创造性功能便起到对"发展中断"的连接作用。另外,当过去的群众文化产品完整地进入现在的群众文化生活时,即使其产品原来所赋予的意义与现在的社会生活相去甚远,现在的人们也会以新的社会意识去理解、解释它,给它以新的定义及含义。这也是一种潜在的群众文化传承中的创造性。

此外,人们面对的是一个纷繁的群众文化世界,不管你愿意还是不愿意,古代的、现代的、本土的、域外的、精华的、糟粕的,种种群众文化现象都会通过一定的途径扩散、传播开来,在各民族、各地区之间互传,一齐进入一定地域人们的文化生活之中,即进入群众文化的传承过程。而人们既不能全盘否定,又不可以全盘接受,必须以一定的群众文化价值观念进行挑选、批判,让所适合的群众文化客体进入自己的传承过程。这其中,就体现着群众文化传承中的创造性。只有这种创造性,才能取其精华,去其糟粕,保证群众文化发展的无限延伸。

四、社会基础的广泛性

作为社会实践主体的人不仅是历史的创造者更是文化的缔造者。人类在生产生活实践中,不仅推动着物质生产的前进,也推动着文化生产的发展。正如《毛诗序》所说的:"情动于中,而形于言,言之不足,故嗟叹之,嗟叹之不足,故永歌之,永歌之不足,不知手之舞之,足之蹈之也。"人类创造物质文明的同时也创造了精神文明,物质与文化相辅相成,不同民族、不同性别、不同年龄、不同文化素养和不同居住环境的人都可在社会实践中找到自己需要和适合各自情况的文化活动。全民性的参与和创造推动了群众文化的发展,丰富了群众文化的内容这也是群众文化社会基础广泛性最显著的体现。而且群众文化活动不受地域的限制从辽阔草原到湖乡海滨、从偏远山村到繁华城市,不同的政治经济、地理环境处处都有群众文化活动,群众文化活动只有丰富与贫乏和水平高低之分而不存在有无之别。群众文化活动自产生以来就不是单一的个体行为,从它本身的活动内容与活动方式看,都体现出明显的社会化特征并且在社会化活动中扩大了与其他社会活动的联系并不断地丰富和发展了自己。所有这些,都充分体现出群众文化社会基础的广泛性。

五、良好的社会公益性

马克思主义的历史唯物论认为,人民群众是创造历史的动力,人民群众不仅是物质财富的创造者,也是精神财富的创造者。[①]人民群众创造了文化就应有享受文化的权利,文化工作也应理所当然地为人民群众服务。中共中央曾于《关于关心人民群众文化生活的指示》中明确指出了社会主义群众文化工作的性质、任务和方向。我国的群众文化就是在"双百方针"的指导下努力丰富人民群众的精神文化生活,满足人民群众不同层次的精神文化需求,提高人民群众的文化素质,构建和谐融洽的社会文化氛围和人文环境,力求良好的社会效益。这点既不同于高雅文化的曲高和寡更有别于在现代工业社会背景下产生的大众文化所遵循的在市场或商品逻辑下追求经济效益最大化的唯利益原则。为广大群众服务、追求良好的公益性是我国的社会性质和国情所决定的群众文化本质特征的体现。

六、文化的亲和兼容性

群众文化虽然发自社会中文化素养及物质生活水平较低但作为历史主体的"最大多数人民群众",但随着社会的发展进步和多元文化环境的形成,群众文化在不断丰富和发展过程中已具备了新的文化内涵。群众文化在组织、创作、辅导、研究过程中不仅考虑广大群众的需求,也考虑其他社会文化的状况,增加了与社会文化的互补意识。通过其社会美育功能以较亲和的姿态吸收、融合其他文化形态,共同营造有利于社会和谐文明的文化生态环境。现在的群众文化既吸收了高雅文化的艺术性和欣赏性,体现出一种唯美主义追求,也含有大众文化的趣味性和娱乐性,显示出一种世俗化倾向,更没有体现国家意识形态的主流文化的强制意识,表现出当代群众文化的一种宽松的亲和兼容性特征。

[①]宋福范.把握群众路线的理论逻辑[J].党建文汇:上半月,2013(9):1.

七、文化的多元化和民主化

群众文化在发展过程中不断开拓吸收,丰富内涵,使其成为富含多种文化元素的复合型社会文化形态,同时又与其他文化形态共同构成了丰富多样的文化环境和多元化的文化格局。群众文化的开放性、宽容性及丰富多彩的文化形式与文化内容创造了一种文化共享空间,对于抹平文化特权和垄断,打破传统生存方式的封闭性、狭隘性和单一性起到了积极的推动和促进作用。同时群众文化虽然属于国家意识形态的主流文化范畴,但却少了国家意识形态的说教和强制性话语方式,更多了生活化、娱乐化的充满人性化和人文关怀的内容。对于人性的双重性对立,即"神性"与"物性"的对立起到了温和的调节作用并促进人在两者互相对立、互相交织、互相补充中寻求人的自由而全面的发展。这些都大大推进了文化的民主化进程,虽没有大众文化来得那样激进与彻底——"与公共权威资助的文化产品相比,市场化的工业产品更有力地将文化民主化",却也激发了广大群众强烈的参与愿望和体验的热情,导致人的生存价值与生存意义的自觉性进一步生成。正如一位学者所言,以审美的活动方式不断创造新的文化生存空间,不断打破旧有的不适合人性发展的文化规范与生存格局。促使人的生活及生存状态不断发生新的变异、融合、转型与发展,呈现出无限开放的趋势,这是当代人的生存和发展所特别需要的一种过程和方式。

马克思曾根据人性发展的历史性提出著名的人类社会发展三阶段说,人的依赖关系(起初完全是自然发生的),是最初的社会形态,在这种形态下人的生产能力只是在狭窄的范围内与孤立的地点上发展着。以物的依赖性为基础的人的独立性,是第二大形态,在此基础上形成普遍的社会物质交换、多方面的需求等。建立在个人全面发展这一基础上的自由个性是第三个阶段。

这一论断对我们有很大的启发意义。从总的历史趋势来看,我国的群众文化在漫长的历史发展进程中,也大致经历了原始社会的蒙昧阶段、阶级社会的自在阶段、当代社会的自觉自为阶段。这也是我们研究当代群众文化本质特征的立足点和出发点。了解了社会发展形态及与之相应的群众文化的内容变化与特征,对群众文化的发展变化规律和方向就会有较为清晰的认知与把握。这对我们更好地开展群众文化活动,繁荣群众文化事业,发挥群众文化的审美教育功能,构建和谐多样的社会文化和人文环境无疑具有现实的价值与作用。

第三节 群众文化产生和发展的规律

一、社会存在是群众文化生存的基础

社会存在是群众文化生存的土壤。根据历史唯物主义的观点,社会存在是第一性的,社会意识是第二性的。不是社会意识决定社会存在,而是社会存在决定社会意识。群众文化属于社会意识形态,是社会存在的一种反映。人类没有出现,也就没有社会存在,没有群众文化所赖以生存的土壤。

群众文化只是因为有了作为其主体的人的文化活动,有了能展开文化活动的社会环境才得以生存的。

群众文化活动的种种形式,是社会生产力和生产关系的反映。当人类与生产资料(生产工具和劳动对象)相结合拥有了征服、改造自然的能力,这种社会存在之中的生产力就执着地反映到群众文化中来。

固然,群众文化与其他意识形态一样,也具有相对的独立性,对社会的发展起着巨大的能动作用(促进的或阻碍的作用)。有时在特定的社会经济基础改变以后,这种基础的群众文化在相当长的时间内还会存在,并产生一定影响。因为群众文化作为一种社会意识形态对社会有依赖性,所以随着社会存在的变化,群众文化也必然会或迟或早地发生变化。

自从"随着完全形成的人的出现而产生了新的因素——社会",群众文化就与作为其生存土壤的社会共同存在,连绵不断地演化着永无止境的生命进程。

二、社会的变革是群众文化发展的外因

辩证唯物主义认为,社会生产力同生产关系的矛盾,经济基础同上层建筑的矛盾,是人类社会发展的根本动力。

社会生产力的发展,要求生产关系与之相适应,进行相应的调整和变革,这就构成了生产力同生产关系的矛盾运动。生产关系(经济基础)的调整和变革必然会引起上层建筑与经济基础的矛盾,从而也就推动了经济基础同上层建筑的矛盾运动。人类社会发展史表明,社会的变化就是由这种矛盾运动引起的。而群众文化的发展史则昭示了群众文化变化的根本原因(不是唯一的原因)在于社会的变化与革新。

原始公社时代全民性的群众文化表明的是集体劳动、狩猎和对自然、祖先、图腾等方面的崇拜,反映的是与自然的依存和矛盾关系。由于生产力的进步,产生了剩余劳动力,随着生产资料私有制的逐步发展,原始公社逐步解体过渡到了奴隶社会。在奴隶社会中,生产关系发生了根本变化,奴隶主不但占有生产资料,而且还占有生产者(奴隶),出现了奴隶主阶级和奴隶阶级的尖锐对立。奴隶社会的群众文化更多的是体现了阶级的对立,如《诗经》所载,所表达的奴隶的悲惨和痛苦,奴隶主的荒淫与残暴。就是在同一个时代,社会的某种变革也会推动群众文化的变化。

中国封建社会的盛唐时代,"贞观之治"是一次成功的社会变革,变革后社会生产力得到发展,生产关系进行了相应的调整,并给当时的群众文化灌入了新生的因素,在宫廷与民间、国内与国外、城市与农村的文化对流的促进下,平民文化出现了民间歌谣、曲调、舞蹈、绘画、雕塑诸艺并茂的大好局面。文化品位与格调也随之变化,如民间歌谣虽基本沿袭汉代,但在思想性、艺术性和群众性等方面都远非汉代可比。明代的平民文化在封建社会走向没落,资本主义正在萌芽之时,也出现了新的形式和特点。例如,通俗文学取代了古文、诗、词等旧体文学的地位而成为中国近古文学史上的主要内容,民歌为明代"一绝"。明末西学输入,市民阶层的扩大,又使文艺市场更加繁荣,民间文艺、工艺商品化走向日趋明显。毛泽东的《在延安文艺座谈会上的讲话》表

明了新民主主义革命时期民族的、科学的、大众的文化指向,从此群众文化出现了历史性的根本转变与蓬勃发展。

当代,在新的历史时期中,社会的变革已经引起了群众文化的很大变化,改革开放也必将推动群众文化发生新的、更符合历史发展规律的、更能适应广大人民群众需求的变化。

三、人的社会需求是群众文化发展的内因

我们考察群众文化的历史发端,分析它缘起的内在动力,首先可以发现是人的社会需求催发了群众文化的萌生。人的需求是多种多样的。基本上可以分为自然性需求和社会性需求。自然性需求是人作为一个有机体维持生命和延续种族所必需的。其特点往往呈现出周期性,如饮食、睡眠、配偶、嗣后等。社会性需求为这样或那样的社会要求,或个人为适应社会要求而产生的社会需求。这类需求是人的后天习性。如交往的需求就是从人与他人的接触过程中发展起来的;如社会需要以艺术来陶冶人的情操,人们就举办一系列群众文化活动;如某人去看音乐演奏,听到美妙动人的钢琴声,就会感受到音乐中的情思,产生愉快和兴奋之情,继而希望有人来指导、帮助自己学琴,于是就去找老师,找学琴的场所,这样就发生了人与人交往的需求。

社会性的需求主要表现为精神的需求,如认识的需求、美的需求等这些人所特有的需求。认识的需求激励人去学习文化、科学知识,探索自然与社会的奥秘,并由此产生文化、科学活动及发明创造;美的需求使人力图美化自己及自己的生活方式。在一定条件下,这两种需求常常转化为对群众文化艺术活动的参与和创造。

饮食、呼吸等生理需求,是最基本的,也是人类最低层次的需求,而最高层次的是人类自我实现、认识、创造和美的需求。这种需求大多在群众文化中得到体现。例如,人类出于对生存的基本需求,产生了以血缘关系为依托的纯粹集体性的原始群众文化。

人类出于对异性之爱与社会交往的需求,在母系氏族公社之时就萌发了群众文化的"美"的意识。

对社会无穷奥秘的探索,对自身理想的追求,以及为了实现这种愿望而需求的知识、力量是人类高层次的需求,也是群众文化发展的内驱力之一。社会越是发展,人类对这种需求的表现就越是强烈;群众文化越是发展,人类的精神生活需求的内容就越丰富。在当代群众文化活动中,人们踊跃参加各类文化艺术竞赛、各类训练班、购买高质量科技图书、跳交谊舞、唱"卡拉OK"、进行健美训练,这些都说明了人们的精神生活质量的提高与社会物质生活的现代化有着客观的、现实的和内在的联系。

心理学家认为,人的社会需求是与人的社会活动紧密联系的,是人的社会活动的基本动力。人的社会活动被某种需求所驱使,需求一旦被人所意识并驱使人去行动,就以活动动机的形式表现出来。需求激发人去行动,使人朝着一定的方向,追求一定的目标,以求得自身的满足。需求越强烈,越迫切,由此而引发的活动就越有活力。同时,人的需求也是在社会活动中不断更新和发展的。当人通过活动使原有的需求得到满足时,人和周围现实的关系就发生了变化,以后又会产生新的需求,新的需求又会让人去从事某项新的活动。人的社会需求就是如此循环往复,把群众文化推向更高层次的。

第四节 推动群众文化建设的价值与意义

一、群众文化的社会价值

(一)推动基层文化建设

在群众文化发展和建设的过程中,一定会吸引许多有相同爱好的人参与到其中,有效推动基层文化建设。在良好的文化氛围下发展人的优良品质和独特个性,不断地发掘出每个人的兴趣,保证人民群众始终保持积极乐观的心态,可以为我国基层文化的发展奠定强有力的基础,为基层文化的发展注入新鲜血液。

(二)发展休闲和娱乐

群众文化也可以称为一种群众性的娱乐活动,该项娱乐活动可以满足人们的需求,给予人们心灵上的慰藉和精神上的满足,使得人们的身心得以放松,减少人们的生存压力。目前,随着社会的迅速发展,人们对文化的需求越来越强烈,群众文化的发展可以使人们的精神得到满足。

(三)加强社会的认同

伴随着社会的不断进步和发展,人与人之间的交流有了多种多样的方式,不再受时间和地点的制约,人与人之间的交流变得便捷,加强了社会的认同感。在当前社会中,每个人都希望展现自身的个性,而促进群众文化发展,可以有效地满足人们这一要求,而且还能保证群众的群体性功能,增强社会认同感。我国是一个多民族的国家,每个民族都具备自身的特色,都有着自身的优势,彼此之间存在文化差异,这就需要强有力的社会认同感。

(四)促进团结

人们的生存和发展离不开各种各样的仪式,仪式可以说是和人们的日常生活紧密相关的,并且仪式的作用也是非常重要的,可以有效加强社会凝聚力,推动人们不断团结,建立良好的品质。群众文化的发展也是生活中的一项意识,群众文化把人民群众聚集在一起,让大家进行交流和协作,促进了人与人之间的团结互助。

(五)展现社会的形象

群众文化在一定程度上可以有效地展现出社会的形象,一个城市的形象,是社会发展的重要象征。与此同时,群众文化还可以彰显一个民族的文化和风俗习惯,开展群众文化可以不断弘扬社会文化,让广大人民群众更好地了解社会。[1]

---

[1]韦海涛. 开展群众文化与传承民族民俗民间文化的思考[J]. 赤子,2019,(025):68.

二、群众文化的文化价值

(一)群众文化带动文化产业

丰富多样的文化在社会发展过程中是十分重要的,可以带动整个社会的经济发展和进步,群众文化的发展还可以形成独特的文化产业,保证该项产业获利。文化产业想要取得较好的经济效益,必须要依靠群众文化,毕竟群众是重要的消费者,而文化产业的发展需要凭借消费者。就当前情况而言,我国的经济发展是十分迅速的,文化产业可以依靠经济来进行发展,进而达到和群众文化相结合的目的,互惠互利,共同发展。

(二)群众文化奠定精英文化

群众文化和精英文化是互相督促、互相制约的关系,这是因为我国的文化是十分丰富的,群众文化和精英文化的共同发展促进了我国社会主义文化的进步。群众文化是精英文化发展的基础,可以有效带动精英文化,对精英文化起到奠定性作用。群众文化发展的主体是人民群众,而精英文化发展的主体是知识分子,两者都是为了更好地建设社会主义强国,所以两种文化需要互相配合,共同进步和发展。

(三)群众文化彰显主导文化

我国社会主义发展过程中,主导文化起着十分重要的作用。主导文化可以有效地体现出社会主义建设的核心,与此同时,进行群众文化建设时一定要不断弘扬具有中国特色的社会主义核心价值观,保证社会的发展。另外,群众文化所涉及的人是非常多的,在发展群众文化时,一定要保证人们的身心愉悦,提高人们的文化素养。

(四)群众文化保护非物质文化遗产

非物质文化遗产对于一个国家而言是十分重要的,其是我国文化发展的主要组成部分。由于绝大多数的非物质文化遗产是在群众文化中产生的,体现出了多种文化形式。因此群众文化的发展可以有效地对非物质文化遗产进行保护,为我国的文化建设奠定基础。

(五)丰富人民群众的社会生活内容

群众文化活动的组织与策划,是社会主义文化建设的需要,因为群众文化工作,能够让人民群众在文化活动中把所学的知识转变成自己的气质精神。在群众文化活动中,文化工作者通过文化知识普及等多种形式的文化活动,实现基层群众人人能够得到文化教育的目的,同时,文化活动的开展,也能够让人民群众的社会生活更加丰富多彩。因此,为保障广大群众都能够在文化活动中有所收获,相关部门应该把这项工作开展到群众生活的每一个角落,让人们随时随地能感受到文化的力量。经过这么多年的努力,群众文化活动也算取得了一定的成就,组织与策划也更加顺利。我国经济不断发展,群众文化活动也要马不停蹄地紧随时代的洪流,把握时代的脉搏,把科学文化知识带到人民群众中,让群众文化焕发出生机和活力。如果群众文化活动能够很好地开展,那么,社会主义核心价值观就能得到体现,社会精神风气也会得到改善,人民群众的社会生活也将更加丰富多彩。

(六)推动社会主义和谐社会的构建

群众文化工作的开展,其目的就是坚持"以人为本"的社会理念,推动和谐社会的发展进程。如果能够把文化教育普及到人民群众中,促使群众文化能稳步发展,以人为本的社会理念也会深入人心,人民的精神世界也会得到提升。那么,构建和谐社会的宏伟蓝图也就指日可待了。我国的群众文化工作进行了很多年,城市群众文化工作得到了很好的发展,但是,农村的群众文化工作一直未能落实,因此,要加快速度建设小城镇和农村的精神文明,开展具有特色的群众文化活动,为社会主义和谐社会的构建做出应有的努力。

(七)提升人民群众的文化素养

群众文化工作,是一种让全民接受文化教育的公共文化形式。群众文化工作人员,通过多种形式的文化活动,让群众在一种浓烈的学习氛围中,提升文化知识水平,让人民群众素质得到提升,思想得到升华。同时,文化活动的组织与策划,是对国家发展大局的支持,是促进社会精神文明建设的重要力量,更是构建和谐社会的一块基石。如果能够在广大地区开展群众文化教育活动,就能够让百姓在文化活动中很好地树立正确的思想道德观念,培养正确的价值观,为提升全民文化素养发挥作用。

(八)让人民群众的业余生活更加丰富

经过几十年的社会主义建设,我国人民群众不用再为温饱问题而犯愁,对精神食粮的需求反倒要求更高,茶余饭后,总是需要文化活动来充实自己。目前的公共文化建设和文化服务不能满足人们的需求,这时候,基层群众文化活动就显得格外重要。顺应国家政策组织与策划群众文化工作,正是为群众提供了一个分享精神食粮的平台。因此,基层群众文化工作,是精神文明建设的关键,也是满足人们业余时间对更高层次提升的一项重要工作。

第二章 群众文化的形态

第一节 城市群众文化

一、城市群众文化的含义及其形成

(一)城市群众文化的含义

城市群众文化是指在城市地域内形成的以适应异质性非农业人口多层次文化生活资料消费需要的一种社会性文化。群众文化的历史告诉人们,代表新兴生产力的群众文化的优秀成果,大都在城市得以产生、保存和传递。从这个意义上讲,城市群众文化的形成,显然离不开城市的兴起和发展。

城市是人口集中、工商业发达、居民以非农业人口为主的地域,通常是周围地域的政治、经济、文化中心。人口密集、交通方便、经济繁荣、文化发达,是城市的基本特征。

(二)城市群众文化的形成

从世界范围来看,城市的兴起和发展迄今大致经历了三个阶段。

1.前工业革命阶段。公元前7000年左右,在近东地区发生的农业革命为城市的出现提供了基本前提——剩余食品和有组织的群体活动方式。到公元前4500年左右,第一批城市型地域出现在幼发拉底和底格里斯两河流域。稍后在尼罗河谷、印度河谷和中国的黄河至渭河谷地等农业发达地区出现了城市。早期城市的主要功能是防御外敌,提供一些活动、礼仪庆典的场所,同时作为社会的贸易、文化和行政管理中心。随着手工业和商业的发展,一批专业化功能较强的城市得到发展。

2.工业革命阶段。18世纪中叶,始于英国的工业革命结束了城市中工场手工业的生产形式,代之以机器大工业的生产形式,使经济活动的社会化、专业化得到迅速发展。在聚集效应的作用下,城市得到迅速发展。工业活动的集中造就了新的城市,或扩大了原有的城市。工业活动不断提出新要求,使城市的基础设施和服务系统变得更为完善,而完善的城市生活、生产条件则吸引着更多的工业活动和人口向城市集中。

3.后工业革命阶段。进入20世纪以来,随着科学技术和生产力的迅速发展,世界城市化进程加快。20世纪50年代以后,资本主义国家经过战后恢复,经济上出现了一个迅速发展时期,原来的殖民地或半殖民地国家也纷纷在政治上获得独立,经济上不断取得新的进步,这一切都有力地推动了城市的发展。随着现代工业向城市集中和现代科技的发展,整个社会的生产、流通、交换的容量和活动频率提高。因此,现代城市需要具备高效率、多功能和动态化的特点,才能适应社会的需要。在这种要求下,城市的交通工具和各类服务设施不断向高速、低耗、机动和大容量的方向发展。城市职能日趋多样化,生产专业化的进一步发展,使城市中各种专业性行业得到很大发展。城市地域异质性的增强对地域整合提出了新的要求。在发达国家的大城市中,新的整合组织,如行业协会、工会、俱乐部、地域性文化服务组织等大量涌现,为城市的发展提供了新的动力。

由此看来,在城市这个有机联系的整体中,人类文化的内容得以飞速繁荣。于是,与此相适应的城市群众文化也逐渐成为联系不同职业阶层的城市居民精神生活的纽带,同时将每个触角渗透于个人生活的各个方面。

1984年以来,由于设市标准进行了调整,中国小城市的数量增长很快,使城市体系得到了一定程度的改善。随着经济体制改革的深入进行,中国城市建设和城市改造工作进展迅速。这一切,都标志着中国城市质量的提高。中国城市按城市在国家行政管理体系中所处的不同地位进行划分,可分为直辖市、计划单列市、地级市和县级市四类。其中,县级市又分为省辖县级市和州。

二、中国城市群众文化的基本特征

城市每时每刻都在孕育着人类的文化成果,而人类的文化成果又大大加快了城市社会的发展。因此,城市群众文化对城市新的政治体制、制度规范、价值观念、文化行为,以及科学技术的产生与发展有着重大的影响,其结果是使城市群众文化表现出整合性、开放性、层次性的基本特征。

(一)整合性

整合性从中国城市群众文化的社区特点和服务对象来看,其主要成分是干部、职员、工人、教师、学生、工商业经营者、外地流动人员。这些人群,有着不同的职业、兴趣、爱好,这就要求城市群众文化必须凭借占主体地位的自我意识,以不同于一般物质客体的存在方式而存在,突出对完善新的经济体制和经济秩序的必要的整体作用,而不能仅停留在单一的服务和被动适应的意义上,即在内容上必须具备丰富多彩的个性特点,它包括娱乐的、知识的、审美的等趋向一体化。同时,借助具有鲜明时代特色的文化艺术和其他娱乐性活动,使城市群众尽可能根据自己的意愿选择必需的文化生活资料进行消费。这样,城市群众文化就可以有目的地引导城市群众的文化消费行为,朝着群众文化运动规律的既定方向发展。而对于城市群众来说,恰恰通过必要的群众文化生活资料的消费,享受健康愉悦的文化生活,以满足自身多方面的文化需要。由于城市群众文化包含了更多的知识性内容,因此在提高城市社会成员的科学文化水平,增长知识才干,陶冶道德情操,以及对自己所处的社区责任感等方面,将会起到良好的作用。这就是城市群众文化与其服务对象之间的因果关系在促进城市社会发展中的不可逆的整合意义。换言之,城市群众文化力图利用主体意识中蕴含的聚结意识,通过多样性的文化传播手段,把人的社会生活与客观时空的变换协调起来,以增强人们的城市化意识。

(二)开放性

开放性,对于这个特征,我们可以从两个方面来理解。一方面,城市在群众文化基础设施的硬件建设和软件建设上,具有较完整的能使群众文化各种机制处于良性循环的自我协调能力,并配备系统化的群众文化组织网络。这些组织网络包括文化系统的群众艺术馆、文化馆、街道文化站和居民委员会的文化室;工会系统的工人文化宫和俱乐部;共青团系统的青年宫和少年宫;教育系统的教工之家和青少年之家以及校园文化沙龙;军营的军人礼堂和俱乐部、文工团等组织。这些互相交叉、互相联系的组织网络作为城市群众文化的物质载体,具有上规模、上等级、上水平的质量保证。它既要充分汲取城市整体文化成果中很有特色的内容作为树立自己形象的根基,又要自觉地变换活动方式使自身在城市社会成员中产生较大幅度的扩散力和较强的吸引力。再一方面,城市拥有较好、较先进的结构合理的物质基础。它有四种表现:一是城市具有充足的人力、物力和财力;二是城市有较先进的生产力优势,即使是从历史上传承下来的生产力诸因素,经过改造后,也比农业生产力显得更具优势;这些先进的生产力优势涉及劳动资料方面的有生产工具、土地使用、运输手段,劳动对象方面有自然资源、原材料,劳动者方面有人力资源、身体素质、文化知识水平、操作熟练程度、生产经营经验、整体管理效果,以及同上述诸方面联系紧密的科学技术水平等;三是城市具有较高的经济效益,即生产经营活动中所占用和所耗费的劳动时间尽可能小于同时取得的劳动成果;四是城市具有一整套适应自我生存的经济能力和市场要素,即社会生产与社会消费尽量达到正比。这种比较扎实的城市物质基础,表明了现代城市生产力全部内容在发展中的开放性特点。这样,城市群众文化在形式的适用性上,必然会产生与城市物质文明的飞跃同步发展的开放性效果。特别是现代城市生产力的发展,将会在继续更新城市群众文化的形式、内容和活动中发挥巨大的作用,并且,事实将昭示人们:未来的城市群众文化将在更广阔的领域中展开,而历来受人欢迎的能够体现健康的新、奇、乐的群众文化活动方式,将会随着人们需求量的增加而扶摇直上。

(三)层次性

受现代城市以社会化大生产和市场经济作为社会发展背景影响的群众文化活动,将是人与人之间展开的先进科技和文化教育的创造、运用、传播、较量的活动,其触及的范畴和含义也更为深远。由于城市社会成员的异质性程度高,因此城市群众文化在活动过程中,显然要针对不同的职业和知识层次的人展开有效的活动。这种有效的活动是多方面的,但其中根本的一条是适应作为城市群众文化活动主体的不同层次的城市社会成员的多方面需要。这样,才有利于城市群众文化向新的领域拓展,使人们对文化活动主体的把握更加准确。

三、城市群众文化的特殊作用

城市群众文化应是城市向现代化标准建设发展的反映,即高效能的基础设施、高水平的管理工作、高质量的生态环境、高度社会化的分工协作、高尚的文化艺术气氛。因此,城市群众文化的特殊作用也从以下两个方面表现出来。

(一)促进城市的文明建设,提高城市作为文化中心的地位

城市群众文化在具体的社会实践中往往需要相应的社会力量作为它的支柱,比较明确地把增强城市社会力量的实力作为繁衍本体的一种生态环境。为了实现这个目标,城市群众文化就要主动地致力于城市的整体文明程度的建设。它往往以物化了的生产力因素的身份,积极从事城市社会的生产力变革和生产关系变革活动,并且又以意识形态领域中的一员,直接或间接地将进步的世界观输送给城市群众,使城市群众理解群众文化在加速人类文明进程中的深刻意义。

(二)满足城市居民的文化需要,提高城市社会成员的文化素质

城市群众文化在活动范围上主要是城市的群众,所以它在内容的布置上往往显露出超过农村或乡镇的文化生活需要的量。它除了在本质特征和运动规律上进一步强化自己的属性外,还将城市群众的整体文化需要主动储存到自身的调控机制中。这样,当城市群众文化进入流动状态时,既要折射出普遍的浅显的适应一般城市居民欣赏水平的文化艺术活动,又要发挥其特殊的深刻的精神活动能力,促使城市居民新的文化生活方式的形成。由此引发出城市群众既要努力继承优秀的传统文化成果,又要努力创造出现代的文化

成果。这样,城市群众文化显而易见的引导和示范的职能,在循环往复的活动中转换成动力机制,促使城市群众物质生活条件的改善和整体文化素质的提高不产生偏离,直至达到为优化城市生产力服务的目的。

四、城市群众文化管理的理念

群众文化活动是文化活动的各种形式中参与人数最多的、也是最重要的,融入了人民生活的各个角落,与每个人的社会生活息息相关。群众文化活动以文化艺术的类别进行划分,可以分成很多文化活动类型,包括文学活动、戏剧活动、音乐活动、美术活动、体育活动、曲艺活动和舞蹈活动等。这些不同类型的活动都具有独立性,都能够作为稳定活动类型中的一种独立存在,同时充分表现群众文化活动的特色内容。群众文化活动是社会历史现象中的一种,形式与内容都在持续变化发展。现代的中国群众文化活动,是在改革开放后发展的,适合社会主义市场经济的,具有新面貌、多元化和主体性的特点。群众文化活动生机勃勃的活力展现了多彩缤纷的独特魅力,全面满足人民群众审美心理中对于美丽、新鲜、快乐的追求。群众文化活动的覆盖面很广,渗透力较强,影响力较大,人民群众的参与意识也很强,都体现出它的存在价值与发展活力。群众文化活动的价值能够通过不同形式表现出来,以积极进取、健康向上的娱乐活动,充分发挥群众文化活动的文化传递、宣传教育、娱乐审美和生活使用的功能,弘扬中华民族传统文化中的优秀部分,启迪群众的思想,加强群众的审美观念。

城市群众文化是指人们在自身职业外所进行的一些用来满足自身精神文化需求的文化活动,具有自我参与及群众性、多样性的特点。人们在参与的同时,也可以达到休息的目的。通过对参与者的意识及思维活动的调节,使得人们获得积极向上的情绪,达到满足思想文化及情绪的一致性。城市群众文化活动只是城市群众文化的一个部分,城市群众文化还包括了城市群众文化工作以及城市群众文化事业等在内的一些具体概念。

由群众文化的发展历程我们可以知道群众文化可以代表新兴生产力,在大多数城市进行保存和传递。群众文化导致城市的兴起与发展,从而进一步促进了自身的发展。由于城市社会分工的不同以及社会整合的进一步加强使得人类对于经营社会生活的能力有了显著的提高,而且城市中具有各类不同的设施以及文化消费设备,为人类的群众文化活动提供了强有力的物质条件保障。群众文化活动随着时代的变迁,已经逐渐演变出不同的形式。因此,为了对城市群众文化活动进行长时间以及有效的管理,我们应该探索出一些适用于现代城市群众文化管理的新理念,只有这样,才能有效地发展城市文化活动,才能持久地开展群众文化活动。下面介绍几种对于群众文化管理的新理念。

(一)坚持以服务群众为中心

为群众服务是发展城市群众文化活动的首要任务。因为人民群众是城市群众文化活动的主体,人们的参与在城市群众文化活动中具有主导性,人们的积极与创造的特点使得群众文化生活更加具有竞争力。而现代社会的竞争从某种意义上说主要指的是对于人才的竞争。人民群众在群众文化中有着极其重要的地位,要切实做到对于群众文化队伍进行人文式的关怀,对于管理观念要及时更新,创造出一个适应于群众文化发展及成长的环境,建立一个具有科学性质的人才管理机制,要努力培养一批具有高素质的群众文化队伍。城市群众文化的最终主体就是人民群众,所以,开展城市群众文化活动要以服务人民群众为中心,走可持续发展的道路,只有这样,才能形成一条以科学发展观为基础的有效而扎实的道路。

(二)依靠群众自发性开展文化活动

随着我国经济的发展逐渐走进一个新的时期,我们要做到对于群众文化确保其旺盛的生命力,为了群众文化活动,我们需要改变专业文化活动在群众文化活动中的影响。要改变不仅仅只是依靠政府或者专家团体,要做到依靠群众文化活动的主体,自发地开展文化活动,要做到紧跟着时代的潮流,对于老一代的活动内容进行合理性的调节或者改变。要做到用一些具有时代性的、全新的,以及能够吸引人民群众的文化内容作为人民群众开展活动的依托。为此需要文化工作者去努力地探索,充分发挥社会工作者在群众文化活动中的主导作用,起到一个示范的作用,建立一个具有社区性质的群众文化团体,比如,要建立一些文化站。为了进一步推广社会性的文化活动,文化部门应该对于文化活动进行合理布局,形成社会文化共建、共享的新优势。为了使群众文化活动进一步繁荣要做到大家办大家乐。

(三)结合当地城市文化做好群众文化工作

对于每一个城市,都有着其独特的城市文化特点。我们在发展群众文化的同时,要做到联系当地群众文化所具有的独特的地方传统,发挥其较强的群众凝聚力以及向心力等特点,同时要做到将群众文化活动与当地城市文化进行有机的结合,这样一来,我们可以做到不仅丰富当地节日的形式,而且可以使城市群众文化活动与当地城市文化特点有效联系起来。只有这样,才能更好地使群众去主动接近它,从而进一步发展当地的文化。

第二节 乡镇群众文化

随着我国经济的快速发展,人们的物质生活水平不断提高,文化产业也越来越受到人们的重视。[①]乡镇群众文化的建设是我国精神文明建设的重要内容,也是促进乡镇文明发展的重要工作,对乡镇群众的个人素质以及生活品质都有着巨大的影响。

一、乡镇群众文化的含义及其形成

(一)乡镇群众文化的含义

乡镇群众文化,是指介于农村和城市之间的行政建制镇形成的以兼容非农业居民和农业居民的文化需要为主体的,吸收和消化城市群众文化后形成的一种社会性文化。

[①]孙明. 中国"假日经济"的发展[J]. 环渤海经济瞭望,2009(3):3.

构成乡镇群众文化的要素有四个：①乡镇地处城市和乡村之间，因此乡镇群众文化在城乡物质、文化交流的网络中具有桥梁作用；②乡镇的社会成员具有混合型的人口结构。乡镇是农村剩余劳动力的转移场所，由于剩余劳动力的转移形式不同，乡镇人口结构表现出复杂的混合形态。根据居住形式划分，乡镇人口分为住镇人口和流动人口两种。前者工作、居住固定在镇；后者则在镇工作，回原所在村庄休息。乡镇社区的混合型人口结构表明，乡镇地区的居民同农业、农村有密切的关联；③乡镇的经济基础具有较强的自主性。乡镇上相当一批经济企业是依靠农村集体经济积累和农民自筹资金建设起来的，这些企业在很大程度上依赖市场。这些原因决定乡镇经济基础有较强的自主性，即企业对经营方向、方针和方式有很大的决定权。这种自主性使乡镇经济立足市场需求，通过创造新的经营机制促进企业高速发展；④乡镇具有城乡结合的文化生活方式。乡镇群众文化体现着城市和农村两种文化的结合与交融，既有所处农村地区的"农村群众文化"的特质，也有从城市接受的"城市群众文化"的因素，两者根据乡镇的特点融为一体，形成乡镇地域别具一格的群众文化体系。由于乡镇居民大多是新近从农村转移而来的，他们的文化生活方式和价值观念自然带有农村特色。但在较为接近现代的生产方式和城市群众文化辐射的影响下，乡镇群众文化往往根据自己的条件和需要，将城市的文化生活方式加以改变后采用。这种"转换"对促进城市文明向农村渗透有重要的意义。

（二）乡镇群众文化的形成

乡镇群众文化的形成，还要依赖于乡镇的形成与发展。乡镇，又称为小城镇，是具有一定人口规模并聚集着一定规模的非农业活动的聚落。乡镇一般是在集市的基础上发展起来的，至今已有六千多年的历史。

在中国，乡镇的历史也很悠久。在春秋时期，集市贸易已具有相当规模。秦汉以来，集市贸易日趋繁荣。东晋南朝时，集市已普遍存在。"集"的发展，带动了镇的发展。在位置适中、交通便利、规模较大的集市所在地，先是有人为了方便交易者的食宿，开设了饭店、客栈等，随后又有工商业者前来定居经营,集市所在地便逐渐成为具有一定人口规模和多种经济、社会活动内容的聚落。

中华人民共和国成立后,随着农村经济的发展,在战乱中遭到破坏的乡镇逐渐恢复了生机,许多乡镇发展为工商、交通、建筑、服务业和文教卫生事业共同发展的多功能的农村中心。

按照有关行政规定划分,中国的乡镇可分为建制镇和乡镇两种。根据乡镇在一定区域所处的地位,可以把乡镇分为三种类型:第一种为县城镇,其所在位置一般处于全县的中心,位于水陆交通网络的交汇点,是全县政治、经济、文化的中心;第二种为中心镇,是县城范围内的次级中心,位于地域适中、交通条件较好的地方。尽管从行政层次上看它同周围的乡镇平级,但它实际上担负着为周围几个乡服务的中心地职能,其人口聚集规模、经济发展规模、商品零售额、第三产业等都明显高于周围的乡镇;第三种为一般乡镇,是一个乡的中心,文教卫生单位及商业、金融、服务业等单位一应俱全,但人口、经济聚集规模和为周围区域服务的能力明显低于中心镇。乡镇的不断发展,拓宽了群众文化的活动区域,丰富了群众文化的内涵,也使一种新的文化类型——乡镇群众文化脱颖而出。

二、中国乡镇群众文化的基本特征

由于各国的规模经济和集聚经济的侧重点不同,因此乡镇化的程度和乡镇群众文化的模式也不相同。中国的乡镇群众文化具有普遍性和特殊性相结合的特点。中国乡镇群众文化的建设方针是开放搞活、扶持疏导、面向群众、供求两益。多体制、多渠道、多层次、多形式是乡镇群众文化建设的原则。有计划按比例地开发国办的、集体办的、个体办的乡镇群众文化项目,科学地、有组织地开展多种样式的乡镇群众文化活动,是繁荣乡镇群众文化事业的必要途径。因此,中国乡镇群众文化的基本特征,主要表现在结构性、延伸性、目标性上。

(一)结构性

乡镇群众文化一般具有相应的主客体之间互相依赖、共同促进的运行模式。这种模式有其明显的结构特点。它大致有两类：一类称作纵向型，一类称作横向型。纵向型是一种单一的，与群众性文化艺术产生联系的类型，它所表现出的是一个较为严密的群众文化实体单位，它的人、财、物、工作都落实在同一个作用点上。在中国的乡镇群众文化中，纵向型结构又分为两种：一种是由乡镇人民政府直接管辖的文化站、文化艺术服务部、文化科技咨询服务站等直接与群众文化本体有关的要素；另一种是农民文化馆或称文化中心站，它也是一个完整的、独立的文化经济实体，内部通常设有各种文化艺术活动部门，诸如书报阅览室、影剧场、民间剧团等，实行统一管理。第二类结构为横向型，它是一种广义的乡镇群众文化，高度集聚了各种文化科技设备设施，各种科技、教育、卫生、体育和文化艺术活动单位。具体地说，是在一个较大的乡镇上分别设有文化站（或文化分馆）、农技站、广播站、影剧院、体育场、学校、医院、工艺美术企业，以及各种业余文化体育组织，等等。它们都是各自独立的实体，其中有国家办的；有地、市、县办的，有区、乡、镇办的；也有集体和个人办的。业余性质的群众文化娱乐活动往往是工矿企事业单位和群众自行组织的。它们的人、财、物及工作分布在每个独立的实体中，每个独立的实体之间通常互不涉及，倘若要举办某项大型的群众文化活动，往往通过所在地域的政府部门予以适当协调，或实行统一计划和统一安排。上述两类结构形式，在中国乡镇群众文化中基本上是并存并立的。

(二)延伸性

中国乡镇群众文化具有较强的综合性和社会性的参与意识，即在乡镇所在地域的政府机构的管理下，以社会主义思想为指导，将文教、科技、卫生事业、文化企业、专业或业余文化艺术活动合而为一，同时还延伸到时事政治宣传、科学普及、广播、电视、电影等社会科学内容和自然科学内容的领域之中，成为乡镇群众文化建设的基地。中国乡镇群众文化的主要服务内容是普及文化、教育、科技、卫生、广播电视、电脑网络等知识技能，以满足广大乡镇群众和农村群众对文化娱乐生活的需求,提高他们的科技、文化、体育与健康水平,以促进乡镇的现代文明建设。为了使服务内容落到实处并产生整体效益,乡镇群众文化往往将强烈的文化意识延伸到乡镇的其他各个社会组织中,促使他们在主体和客体之间产生较大幅度的互动整合现象,从而相互合作,相互支持,相互协调,相互补充。

(三)目标性

无论乡镇的地域范围和人口覆盖面积大还是小,群众文化的设施建设都将随着乡镇经济高速发展而日趋齐全、周密。这样,必然会引起乡镇群众文化设施建设上的目标性程度的提高:第一,可以有目的地激发集体和个人投资兴办乡镇群众文化设施的积极性,即国家通过增加对乡镇群众文化设施建设的必要资金投入,以此刺激集体和个人兴办乡镇群众文化设施,促进乡镇群众文化的"硬件"建设;第二,可有目的地调整对乡镇群众文化设施建设的投资比例,即国家对乡镇群众文化设施建设实行一些鼓励性的倾斜政策,文化主管部门主动介入制定乡镇群众文化建设的规划,并对其建设规模、所处的地理位置、投资比例等拥有相应的建议权利和控制义务,使基础设施建设能遵循群众文化的活动规律,使有限的投资产生良好的效益;第三,有目的地建立健全乡镇群众文化的管制机制,其中包括归口使用机制、扶持巩固机制、保障文化秩序机制等内容,以此促进乡镇群众文化设施的优质服务效率和稳定的自身发展效率的发挥,使乡镇群众文化的社会效益和经济效益共同构筑在系统性的科学管理基础上。总之,目标性不是抽象的。它要求乡镇群众文化必须具备系列化的形式、内容、活动和设备设施,形成相应的运转体系,使乡镇群众的文化心态、文明程度、道德水准等与现代乡镇群众文化的先进性相适应,最终达到彻底改善乡镇地域中人际关系的目的。

三、中国乡镇群众文化的特殊作用

乡镇群众文化的根本作用是推进农村群众文化建设。乡镇群众文化以乡镇为依托,熔国办文化、集体办文化、个体办文化为一炉,以丰富多彩、活泼健康的活动,满足乡镇群众求新、求美、求知、求乐的生理需要和心理需要,并且还以其独特的辐射、示范、引导等作用,改变着周围农村群众的生活观念和思想情操。因此,中国乡镇群众文化的特殊作用主要表现在加速中国农村群众文化建设上。

(一)乡镇群众文化的基础建设为推进农村群众文化建设提供了有利条件

乡镇群众文化的基础建设,主要指已经建成的国家、集体、个体三级共建网络。它分为"硬件"建设和"软件"建设。"硬件"建设是指国家、集体、个人对文化设施设备的资金投入所产生的物质成果。"软件"建设则指有一支相当规模的业余的群众文化艺术的组织骨干和群体,以及一个多层面的群众文化活动格局。这些都是推进农村群众文化建设必不可少的有利条件。它能够为农村群众开辟新的群众文化事业建设的视野,扩展新的群众文化事业建设的思路,并为培养周围农村群众良好的文化心态,做好物质上的准备。

(二)乡镇群众的文化参与意识为推进农村群众文化建设创造了良好氛围

乡镇既是农村发展市场经济的集散地,又是农村地区的文化、教育、科技事业的窗口,是传播新思想、新道德、新观念的桥梁。所以,乡镇群众的文化参与意识较之农村群众活跃。这种参与意识大致表现为直接参与和间接参与两种类型。直接参与是指乡镇所在地的国营、集体、乡镇企业自觉兴办各类群众文化活动。间接参与是指乡镇所在地以家庭为单体自发开展各类群众文化活动。由于乡镇群众的文化参与意识往往比农村群众更有领先性和超前性,所以会促使农村群众文化出现相应的转机:一是从单纯依靠国办文化提供单向服务转变到以乡镇群众文化为枢纽,牵动农村群众文化朝多渠道、多层次、全方位的方向发展;二是从原来简单直观的娱乐活动转变到融德、智、体、美为一体的具有较大广泛性和较强综合性的文化普及活动和文化提高活动;三是从原来组织群众开展文化活动以村级俱乐部为着眼点,转变到以乡镇为中心同时巩固和完善村级俱乐部的存在。

(三)乡镇丰富多彩的群众文化活动为推进农村群众文化建设发挥了导向作用

在乡镇,社会性的群众文化活动和自娱文化活动往往交织在一起,并且逐步改变着人们的文化生活方式,日益在人们的文化活动中形成"场"的力量。其主要原因有:一是乡镇政府相关部门把群众文化建设纳入乡镇经济建设和社会发展的总体规划之中,尽可能使乡镇群众文化活动呈现出朝气蓬勃,功能健全的局面;二是乡镇的文化主管部门在兴办乡镇群众文化活动时,能够充分行使组织、辅导、宣传、管理、调研、联络、服务、协调等方面的综合职能,为乡镇群众文化活动的拓展发挥能动作用;三是坚持把面向农村、提高农村群众的文化素质贯穿到经常性的乡镇群众文化活动之中,使乡镇群众文化活动产生较强的吸引力和广泛的社会性,乡镇群众文化通过导向作用,使农村群众逐步增加投入农村地域文化建设的兴趣,进一步激发群众文化在发展农业生产力中的潜在效益。同时,也使农村群众真正认识到在生产劳动之余,能够得到健康有益、内容多样、形式别致的文化娱乐,是社会发展和时代进步的需要,是激发他们的劳动热情、转变生产力机制的一条行之有效的途径。总之,乡镇群众文化在推进农村群众文化建设这条"链"中,是一个很重要的中间环节。

四、乡镇群众文化的发展

近年来,基层乡镇群众文化发展缓慢,渐渐跟不上乡镇的经济发展、群众生活富裕的脚步。加强乡镇文化建设,丰富乡镇群众的文化生活是当前一项十分紧迫的任务。由于当前乡镇文化的发展仍然受到落后的思想道德观念、文化基础设施状况、文化发展资金不足等一系列因素的制约,因此要积极探索乡镇群众文化建设的有效途径,推动乡镇文化事业的健康发展。如何才能使乡镇群众文化自信繁荣起来呢?如何才能更有效发挥文化站的职能作用呢?

乡镇文化站是基层传承地方文明、传播先进文化、开展社会教育和意识形态工作的重要阵地。党的十九大精神明确指出:把握战略主动,占领意识形态领域制高点,是坚定道路自信、理论自信、制度自信、文化自信,不断把中国特色社会主义伟大事业推向前进的重要保证。群众日益增长的文化需求与建设社会主义文化强国的要求明显不相适应。要改变这现象,文化站要发展乡镇群众文化应从以下几点去思考。

(一)全面贯彻落实十九大精神是新时期乡镇文化站发展群众文化的需要

1.利用乡镇文化阵地全面贯彻十九大精神。作为基层乡镇文化阵地——乡镇文化站,应全面贯彻党的十九大精神,以习近平新时代中国特色社会主义思想为指导,以以人为本为工作主线;认真履行职能、强化日常监督,以服务基层,丰富广大人民群众的业余文化生活为目标,繁荣群众文化为任务。同时,加强组织领导,积极配合相关部门做好"扫黄打非""意识形态"宣传教育等工作,积极营造良好的社会文化环境,树立健康向上的社会风尚,为乡镇群众文化事业发展提供保障。

2.借助十九大的东风。加强思想教育,积极组织领导,全面发展乡镇群众文化。十九大提出"树立高度文化自觉和文化自信",是给基层群众文化工作、文化事业的发展提出的更高要求。根据乡镇群众文化实际情况加强思想教育,组织领导,充分发挥乡镇文化站职能作用,规范管理文化市场,积极引导群众开展健康特色的文化活动,改善文化设施设备,以体现先进文化的要求,从而达到坚持为人民服务,为社会主义服务的目的,全面发展乡镇文化事业。

(二)抓住机遇、提高认识是加快发展乡镇群众文化的需要

提高认识、加强基础设施建设。文化设施是开展群众文化活动、传播先进文化的重要阵地和载体。不断加大政府资金投入,抓好硬件设施建设,根据不同人群的不同需求,加大文化活动场所建设力度,才能有效发展基层群众文化。乡镇文化站是国家设立的向广大人民群众进行宣传教育,研究文化活动规律,创作文艺作品,组织辅导群众开展文体活动,普及科学文化知识,并提供活动场所,进行公益性的文化传播与管理的文化事业机构。文化站建设是公共文化服务体系重要工程之一,是精神文明建设的重要窗口。如佛山市陈村镇文化站现状是公共文化设施配套严重不足、人手不足、服务内容不足、经费不足。在这样的情况下要完成上级交给的各项工作任务,只有积极沟通,通过各种渠道,整合资源、出谋献策、搭建平台,才能使陈村镇文化站顺利开展各种各具特色的文体活动。为了使举办的文化活动具有创新性、多样化,主动与文化志愿者、文化团体、文化非遗、数字化等进行合作,充分发挥各自优势,把文化服务与公益服务、便民服务融合起,开创共建共赢的新局面。另外,如文化站、图书室、电子阅览室、文化活动中心、体育活动中心等基础设施建设也十分重要。同时,注重老人、妇女和儿童所需的文化活动场所,为群众参与文化活动构建良好的平台。

(三)加强乡镇文化建设是发展乡镇群众文化的需要

1.加大乡镇文化建设资金投入。任何工作没有资金作保障都是一句空话。乡镇文化建设,政府是主导,资金是基础,政府的资金投入是文化建设的关键所在。只有资金有保障,各项建设才能有效开展。政府应把加强乡镇文化建设工作作为重要项目安排,并且把乡镇文化事业的资金投入列入年度财政预算,逐步加大文化事业的支出比例,为群众参与文化活动提供保障。

2.加强民间传统文化、地方特色文化和重大节日文化娱乐活动的组织指导工作。随着乡镇群众对文化的要求越来越高,群众文化的需求日益增长。根据上级主管部门、镇委镇政府的工作安排,积极参与、组织、指导群众开展各种文体活动。

3.加快乡镇公共文化云服务和农家书屋建设的步伐。文化信息共享工程和农家书屋工程是公共文化服务体系的重要组成部分;是知识、信息和文化的传播平台。肩负着培养新型农民的使命。通过云服务与群众的各种自媒体共建模式,成功共享各种文化信息。文化站对每个书屋的图书都进行分类上架,登记造册,并且按群众的需求实施开放,让农家书屋真正发挥它应有的作用,让群众把读书当成一种生活习惯。

(四)加强文化队伍建设是发展群众文化的需要

文化队伍是从事党的宣传思想文化工作的主体,在宣传贯彻党的路线方针政策、引导社会舆论、加强精神文明建设、推进社会主义文化大发展、群众文化大繁荣等方面,肩负着重大责任。加强文化队伍建设,提升文化干部理论素质和业务水平,对于进一步加强群众文化工作、文化站建设,促进全镇群众文化发展具有十分重要的意义。懂文化、会经营、善管理的复合型人才十分紧缺。我们必须按照政治强、业务精、纪律严、作风正的要求,进一步加强文化队伍建设。只有建设好文化队伍,才能开创文化工作新局面。

以上几点是结合实际对发展乡镇群众文化的一些思考。搞好乡镇群众文化和乡镇文化站建设是一项重要而艰巨的任务,任重而道远。

第三节 农村群众文化

农村群众文化活动不仅有利于提高农民群众的文化素质和思想水平,而且有利于农村文化的建设。农村群众文化活动并非单一个体的行为,而是一种群体现象,是人类社会在历史长河中发展的一个产物,同时也发挥整合农村群体综合素质,促进农村个体内在素质的提升与外在行为的扩展的作用,农村群众文化活动开展得好与不好,关系着中国广大农民的根本利益,同时农村群众文化活动的进步也可以带动整个人类的文明发展。

一、农村群众文化的含义及其形成

(一)农村群众文化的含义

农村群众文化是指聚集在农村地域范围内的社会成员在农业生产劳动中形成的一种社会性文化。

农村群众文化作为群众文化的一个子系统,有其相对独立的构成要素:第一,它是以一定的农业生产关系与其他社会关系为纽带组织起来的,具有一定数量规模的、自觉参与群众文化活动的人群;第二,人群赖以进行群众文化活动的,有一定规定范围的农村地区或农民群众参与文化活动的聚集场所;第三,它有一整套相对完备的,可以满足大多数农民基本精神生活需要的文化生活服务设施;第四,它有一系列相互配合的,为满足农民群众文化生活需要的制度和组织;第五,农民对所占有的文化消费在生理上和心理上的认同和归属。而在具体理解这五个要素时,要运用同一事物中不同成分组合的观点。其中,农民是农村群众文化的主体;地域或聚集场所和文化生活服务设施是农村群众文化的物质基础;制度和管理机构是农村群众文化的调控手段;文化消费是农村群众文化的互动机制。

(二)农村群众文化的形成

中国属于发展中国家,又是世界农业大国。中国的农村群众文化与中国的农业生产力的基本协调发展,具有典型意义。

首先,中国的农业生产力的发展,是从传统的封闭型的自给自足小农经济为主体的家庭农业中起步的。在相当长的历史时期里,农民群众仅凭着原始的土地意识,从事一些单一的农业生产活动。而因时因地产生的属于中国农村群众文化范畴的一些文化形态,只能与当时不发达的农村经济基础状况相适应,并且暴露出先天的自发状态的不确定性、不稳定性、封闭落后性。

其次,1979年以来,随着实行家庭联产承包责任制,中国农村发生了巨大的变化。原来"三级所有,队为基础"的人民公社管理体制被家庭联产承包责任制所取代,原来的"政社合一"的人民公社被乡村政权和各级经济合作组织所取代,乡镇企业异军突起,使农村经济结构发生了巨大变化,不仅使农村剩余劳动力从土地上转移出来,为农村致富开辟了道路,而且使农村经济逐步纳入全国统一的市场经济中,并开始准备与国际市场接轨。这些变化大大加快了农业现代化的进程。

中国农村社会主义生产力和生产关系的调整、完善和发展,一方面猛烈地冲击了农民群众历史上形成的保守落后的生产意识和思想观念;另一方面,它又以充分解放农业生产力的角色,使农民群众那种长期受压抑而缺乏能动性的劳动意识,转化为自觉地运用先进的生产工具、农业科技从事生活资料生产的意识。由于有了农业经济诸方面的客观因素的相互作用,中国的农民群众日益感到一般的物质生活,不再成为他们日常所追求的唯一目标,而科学技术、文化教育成了他们日益增长的生活需要。由此得出,农村不断发展的新的经济基础,成了农村群众文化得以客观存在的条件。

二、农村群众文化的基本特征

农村群众文化是农业地域内社会性文化活动和人际关系的集结。所以,不同的聚落形态对农民群众的文化需要有不同的影响。那么,分析和归纳农村群众文化的基本特征,首先要了解农业地域的一般类型和特点。

(一)农业地域的一般类型和特点

农业地域的一般类型,若按农业地域的经济活动内容划分,有农村、山村(林业)、牧村、渔村,以及随着市场经济的发展,在农业地域出现的以从事某种经济活动为主的专业村。若按人群聚落形态分类,可把农业地域分为以下几类:①散村(点状聚落),即以孤立的农舍为基础作点状分布的村落;②路村、街村、沿河村(线状聚落),即沿路、沿街或沿河而建的村落;③团村(块状聚落),这类村庄规模较大,建筑物采取周边加行列式布局,即一部分建筑长边沿街,大部分建筑采取有规则朝向的布局。

农业地域通常有五个特点:①人口密度稀疏,地域成员的异质性低;②家庭功能健全,血缘关系浓厚;③群众的文化活动有明显的季节性,生活节奏较慢;④群众的生活水平参差不齐;⑤群众文化有明显的地方特色和传统特色。

(二)农村群众文化的特征分析

根据农业地域的一般类型和特点,农村群众文化呈现出归属性、直观性、季节性的基本特征。

1.归属性。农村群众文化往往要运用一定的表现形式服务于广大农民群众,而农民群众在接受某种文化形式和文化内容时,会产生逐步吸收、逐步消化的归属过程。这种归属过程体现在农村群众文化的本体面对异质性较低的被接受者,要选择怎样恰如其分的形式或内容,便于农民群众理解和接受。

农业地域社会成员的认识水平,使发展中国家的农村群众文化形态与农民群众产生如下互动关系:一方面,农村群众文化在内容的设计上,尽可能地联系现实农业社会的政治、经济、文化的实际情况,以及农民群众普遍关心的切身问题。在形式上,要尽量采用一些平实的、通俗的,能够触发农民群众真情实感的种类,使农民群众在采纳文化信息时,形成一个环形的接收圈,进而形成一种归属感;另一方面,农村群众文化在确定主体意识的过程中,往往要更多地考虑因地制宜、切合实际的特点,并且以社会意识形态的一部分,表示它在农民群众中有较强的传播能力、导向能力、感染能力,以及应当达到的目标,其中包括应该制定哪些科学的、有效的文化策略。

农村的社会生活并非是一成不变的,且群众文化也不可能不遇到将一些较深的甚至于复杂繁多的内容让农民群众去接受、去理解。面对这个情况,农村群众文化就要及时发挥主体意识中的能动作用,适当采取一些通俗化的措施,如图解式的、比较式的现身说法等,灵活而又巧妙地把那些"阳春白雪"化难为易,化繁为简,使农民群众在对文化价值的认同和归属的氛围里消化农村群众文化的内容,缩短认识上的差距,进而使自觉地接受并且主动地参与各种类型的农村群众文化活动的意识得以形成。所以,农村群众文化的归属性会使更多的农业居民投入开发现代农业的文化成果的活动中去。

2.直观性。任何事物都有它的形式,也有它的内容。任何事物处于稳定状态时都需要相应的形式和内容的统一。但是,事物在联系和发展的过程中往往具有二重性:一是与内容不直接相干的、非本质的外在形式;二是与内容紧密相关的、本质的内在形式。形式和内容之间并没有绝对的界限,在一定的条件下,作为一定内容的形式,可能成为另一形式的内容。这就是内容和形式在事物发展中的辩证关系。农村群众文化也不例外。它在内容和形式方面往往具有较多的适合农民群众精神调节需要的文化艺术活动成分,所以在它的本体中始终保存着较多的直观性。有时候,这种直观性需要人为创造。由于社会发展的渐进性的客观原因，一些农民对文化信息的接收和反馈只停留在与农业现实的经济基础状况基本适应的水准上。倘若使这个水准产生偏差而不破坏它的本质，那么，就要求农村群众文化在展现直观性时，有意识地把某些内容进行必要的加工和锤炼，运用形象化的处理方法，使之产生较强烈的视觉效果和较清晰的听觉效果。然而，除人为地设计直观性的内容外，某些直观性确实是自然形成的，并作为社会传统流传下来。例如，每个国家都有自己的具有某些特质的并且明显烙有历史文化痕迹和民族民间遗风的农村群众文化景观。由于这些景观流传已久，早被广大农民群众所熟知，故而，这些文化景观就会以其特殊的、深刻的直观性受到广大农民的喜爱和欢迎。即便某些文化景观在形式上或者新旧不一，或者繁简各异，但是，由于其直观性的客观效果，仍然会成为对某种新的内容的一种别开生面的补充。有时候，这种效果仿佛带有较多的偶然性，但是，它又很类似一些表面来说是不规范的，但却被人们约定俗成，其直接效果——呈稳定状的直观性植根于农村群众文化的根基之中。

3.季节性。在农村，农民群众在长年累月与自然的抗争中，形成了属于自己的日常生活习性。这种日常生活习性与土地使用的效率和农作物播种、生长、栽培、收获的周期，以及气象状况密切相关。在农业生产劳动与群众文化活动两者的价值取向中，一些农民往往先进行必要的选择和比较，把前者确定为主要的，而把后者确定为次要的。由于有了与农业生产劳动密切相关的一系列物质生产活动的客观存在，于是乎也就决定了农民群众在文化活动的时间和空间的安排上，具有像耕作收获那样的季节性。这是农村群众文化发展的客观规律之一。假如违背这个规律，即使是内容很真实且形式很新颖的群众文化活动，也难以拥有更广泛的参与者，达到理想的效果。所以，强调季节性实质上是强调农村群众文化的特性，是强调开展农村群众文化活动因时因地的客观性和科学性。而且实践证明，农村群众文化活动一般在农闲季节和农家传统节日时容易开展，效果也显著，其原因是农闲季节和农家传统节日大多属于农民群众生产活动和社会活动中的闲暇时间，也是他们热切需要更多的精神生活调节其体力和充实其业余生活的时刻。在这段时间里,他们的精神活动显然比农忙时更宽松更舒展,文化活动的精力也充沛,文化娱乐生活中的空间部分也较广阔。假如是丰年的话,他们要为五谷丰登而载歌载舞;假如是遇灾的话,他们要为重建家园而鼓足干劲。因此,在农村群众文化这幅全息图景中,季节性像坐标系中的交点一样,有规则地、按次序地分布在农村群众文化活动的体系中,并且具体地指示出这幅全息图在事物运动过程中的范围大小、程度高低、一定单位时间内的规模如何。所以,季节性既是贯穿于农村群众文化客观存在的主线,又是最能体现农村群众文化价值观认同的标志。

三、农村群众文化的特殊作用

农村群众文化是农村地域的社会意识形态的客观产物,所以会折射出所处的农村地域内的一定社会历史阶段的经济基础的状况。可以这样认为,农村群众文化是在特定的农村社会的政治、经济、文化形态的制约下生长、发育的,反过来又促进特定的农村社会的政治、经济、文化形态逐渐从低级向高级发展。因此,我们得出农村群众文化在促进农业现代化进程中具有特殊作用。

(一)具有提高农民群众的思想觉悟使他们进一步摆脱愚昧落后状态的作用

中国地大物博,以农业生产为主。中国的农业地域具有人口众多、资源相对较少、经济基础薄弱、科学文化落后、地区差异很大等特点。因此,要把传统农业转变为现代农业,建立起广泛采用现代生产工具、现代科学技术和现代经济管理方法的农业生产体系,就必须强化中国农民的整体文化素质。[1]而介入其中的中国农村群众文化,应当从重视智力投资出发,积极为大力发展农业教育、农业科学技术研究和推广工作、普及农业科学技术知识、造就一支适应农业现代化建设需要的农业技术和管理人才队伍服务。

---
[1] 王小光.农村群众文化的特殊作用[J].戏剧之家,2012(2):1.

同时,在群众文化传播的方式方法上,要拟定系列性的持久性实施方案,使中国农民真正成为适应现代农业社会发展的新型农民。

(二)具有提高农业生产社会化程度、发展农业生产力的作用

1979年以来,中国农村的社会结构发生了一系列的变革。变革的主题以开展市场经济和提高农业生产经济效益为中心。由此引发出坚持以改善农业生态系统,不断提高土地生产效率,并在此基础上大幅度地提高农业劳动生产率的农业生产方针。在逐步调整农业经济结构方面,建立健全了专业化和综合发展相结合的农业生产结构和农村产业结构。中国农民开始理解农业生产社会化在发展现代农业中的中坚作用。农民群众的生产活动领域的拓展,也给农村群众文化增添了新的内容。它要求自身每开展一项活动时,必须有一个明确的导向,那就是积极地为农业生产社会化程度的提高而鸣锣开道。而随着现代农业社会的不断完善,农民手中的生产工具机械化程度也日益提高,农业生产向有机农业和无机农业相结合的转变也将增速,由此会以市场调节为主要手段促使农业劳动力向其他产业领域渗透。这些有利因素都催促着中国农村群众文化深入到专业户(村),农业生产前、生产中、生产后的服务和各地区、各部门的分工协作,以及发展农村市场经济等过程中。

不过,我们也要看到事物在发展中是多因素互相联系的。我们所认定的农村群众文化,毕竟不是一种包罗万象的能超越农村社会物质条件而存在的文化类型。那么,从事物的量变因素和质变因素相互作用产生新的飞跃的辩证观点出发,农村群众文化在提高农业生产社会化程度和发展农业生产力中,其效益也许是间接的、潜在的,并且更多地保留以文化意识为导向的文化普及行为的因素,所以它的特殊作用的客观表现往往不是立竿见影的,而是隐形的。

(三)具有发挥自娱性文化的优势,活跃和丰富农村群众文化的作用

农村群众文化拥有被广大农民群众所认同的文化艺术普及与提高中的自娱性成分。农村群众文化在自身的文化孕育和文化发展中已经开拓出一条泾渭分明的环环相扣的沿革线路——成为农民群众生活方式中不可缺少

的组成部分。因此,农民群众会不受拘束地以接受者和参与者的双重身份,加入所处的地域内的各式各样的文化艺术活动的行列中。更由于农村群众文化艺术活动具有情绪性、松懈性等特点,出于协调物质生活和精神生活的不同需要的目的,身为活动者的农民群众似乎更看重通过群众文化艺术活动,能够产生消除疲劳、恢复体力的实际效果。这样,无论事物的主体或是客体,两者在繁荣农村群众文化中的目标都是相同的。

四、农村群众文化工作

随着我国经济的迅猛发展和社会文明的不断进步,农民的生产生活方式、思想观念面临着前所未有的巨大冲击。我国人口的百分之七十在农村,这是我国现阶段的重要国情。农村文化发展状况如何,关系到广大农民的道德素质和科学文化水平,关系到农业生产的现代化和商品的国际化。因此建立健全科学合理的农村群众文化体系是农村群众文化工作的重要课题。

(一)农村群众文化工作现状

1. 文化事业发展落后于经济发展和社会其他领域的发展。我国在以经济建设为中心的改革开放时期,理论上强调"两手抓,两手都要硬",但不少基层干部为突出政绩,或理解上的偏差,对文化工作的重视不够,没有摆到议事日程上来,致使文化建设始终处于被动状态。"文化搭台,经济唱戏"就是其中一例,这种人为的作用,使文化建设近乎服从于经济建设,从而间接导致农村文化建设步伐始终跟不上物质文明发展步伐。农村文化站存在有人无钱、有人无阵地、有阵地无设施等问题,形同虚设的现象也就不足为奇了。

2. 缺少文化活动经费、群众文化活动难以正常开展。随着政府工作重心的转移,人们的思想观念发生了深刻的变化,部分干部认为经济才是硬指标,为了发展经济、追求短期效益,急功近利,不求长远发展目标,看不到文化建设是实现我国现代化的重要举措,看不到文化对经济的促进作用和所创造出的巨大的社会效益和经济效益。文化站原有的阵地、设施不但每年得不到增建和维修,相反财政对文化站的资金投入还赶不上20世纪60、70年代的水平,新的无钱添置,原有的因年久失修及人为的拆除,而出现了严重的萎缩和减少。农村只能靠拉企业赞助、搞校园文化、镇里补助等形式来活跃群众文化生活,但没有固定的专项经费来保证文化设施建设和文化活动的开展。

(二)农村群众文化的发展

1.人才观念是发展农村群众文化的关键。用好、用足、用活现有的农村群众文化队伍。在现有的骨干队伍中,挖掘文学、音乐、舞蹈、美术、戏剧、书法、群众文化理论、文化产业经营方面的人才,这类人一般都具有相当强的业务素质,同时在专业上优能多能。他们有较强的群众文化活动的组织能力、群众文化工作的协调能力,他们为农村群众文化工作,奉献出了不少心血,也展现出了他们卓越的才华。要大力表彰、宣传在农村群众文化战线上有突出贡献、敢于大胆创新的人才。改革分配制度、用人制度,真正做到优秀人才、优秀贡献、优秀收入,使其各展其才,才尽其用。

发掘、培养、引进农村群众文化人才,是发展、繁荣农村群众文化的关键。启用一个能人,就能搞活一个活动项目;引进一个优秀人才,就能引进一个新的活动项目;聘用一个专业人才,就能创办一个新的文化产业。因为文化产业是高文化附加值的产业,其运作与经营更需要智慧与创意,更注重经营者的管理水平、理念和手段。经营者的个人素质和运作能力,在整个文化产业的营销与活动中,有着相当重要的力量。有了人才,还要建立起完整的激励机制和分配政策。要最大限度地调动农村群众文化活动的组织者、文化产业经营者开拓创新的积极性。在引进人才的同时,更需挖掘、发现、培训、造就一支懂业务、会管理、善经营、德才兼备的农村自己的群众文化队伍。只有人才上形成了强大的优势,才能发展、繁荣农村群众文化。

2.基层文化建设需要众手托举联手合作。基层文化建设是中国先进文化建设的推动力,是推动先进生产力发展的重要因素,也是实现广大人民群众根本利益的重要方面。要做好基层文化工作,设施是基础,设施是开展文化工作的载体和基本条件。而目前由于乡镇财政收入对文化投资少、比例低,基础设施陈旧、简陋,服务手段落后,与当前大力弘扬社会主义文化和加强精神文明建设的时代要求很不适应。因此,各级政府要把文化建设纳入当地国民经济和社会发展总体规划,所需经费列入地方财政预算。要切实加大对基层文化建设的投入,确保文化事业建设经费的投入,向基层文化建设项目倾斜,保证有影响的重大群众文化活动的经费投入。把文化馆、图书馆、文化站作为重点列入建设规划,所需经费要列入地方财政预算。

基层文化建设是一个覆盖面广、牵涉领域多的工程,需要各方面的支持。基层文化建设是一个不断走向"大文化"的过程,期待新元素的注入和新结构的建立;基层文化建设还是一个开放的体系,渴望越来越多的力量参与,发挥基层文化建设多元主体性和交互主体性的作用,在政府的牵头下,各有关部门联手合作,为基层文化建设提供平台。引导鼓励发展各类民办(集体)文化设施的建设,群策群力,为基层文化筑巢、搭台,让老百姓唱戏。采取多体制、多方面、多渠道,群众文化群众办、群众文化为群众的发展新思路。

3. 与时俱进、不断丰富基层文化活动内容。基层文化活动的内容要着眼于全面提高人民群众的思想道德和科学文化素质,着眼于活跃和丰富人民群众的文化生活,着眼于为全面建设小康社会服务,着眼于人的全面发展,体现这个时代的人文精神,营造丰富多彩、健康向上的文化氛围,这是群众文化活动健康的思想保证,也是基层文化的理想目标和最佳状态。

第一,在丰富和创新基层文化活动内容方面,要正确处理普及与提高的关系,坚持专业与业余相结合的道路。上级文化主管部门(或有关单位)要经常组织专业艺术人员,深入基层,有计划地开展一些导向性的、有影响力的群众文化活动,对群众文艺创作、表演等进行指导和辅导,以带动群众文化活动整体水平的提高,激发基层文化资源,变"文化下乡"为"乡下文化"。

第二,利用重大节日举办民间文化艺术节活动,是推动农村文化活动开展和提高农村文化活动层次的好举措。通过活动,可以增进艺术水平的交流;通过活动,给广大的民间艺人提供一个展示艺术才华的机会。特别是文化旅游资源比较发达的地区,通过活动还可以把民间文化艺术与旅游市场有机地结合起来,从而给农民带来经济效益。

第三,要改变基层文化工作单纯增加文娱活动的做法。注意把先进性与广泛性、知识性和趣味性、教育性和娱乐性有机地结合起来,把广播、影视宣传、思想道德教育、普及科技和卫生知识、开展体育活动等有机地融入基层文化工作之中。

第四,开展群众文化活动,要和政府、农业、科技、司法、学校、企业等部门或单位密切联系,相互配合,主动当好政府的参谋和助手,积极参与政府的各项中心工作和宣传工作,利用各种阵地和文化设施举办科技讲座、科普展览、图书阅览、法律咨询、致富信息发布、五好家庭评比活动,紧紧抓住农民群众的兴奋点,吸引他们广泛参与和支持。

我们的基层文化工作要充分利用农村资源把先进性、广泛性、知识性、趣味性、教育性和娱乐性贯穿于活动之中,我们坚信未来的神州大地,丰富多彩的群众文化活动,一定会更加灿烂辉煌。

第四节 社区群众文化

文化生活是群众的基础需求,基层群众文化活动的组织和开展是构建和谐社会的重要保证,随着物质生活水平的提高,广大群众对文化活动的质量提出了更高要求,那么,如何开展社区群众文化活动和创新文化活动载体,提高服务水平,是我们在基层工作中必须深入研究和直接面对的问题。

一、加快社区内群众文化中心设施的完善

社区内文化设施是否健全直接关系到社区群众文化活动能否顺利且丰富地开展。如果社区内文化设施的健全远远不能到位,群众就根本得不到真正意义上的娱乐权益,不能正常开展活动,群众参与文化活动的积极性就会受到挫伤,长而久之,就破坏了良好的群众文化活动的氛围。因此,作为上级主管部门要统筹兼顾,必须从大局出发加快各区域文化中心设施的健全。

二、要加强、提高社区文化管理人员的理论和业务素质

在社区的文化活动开展和建设中首先要关注文化队伍建设,现在人民群众的文化素质都有较大提高,群众文化结构发生了深刻的变化,在社会闲散人员中,艺术人才不乏其人,而且,随着军营文化、企业文化、校园文化的全面铺展,对于社区群众文化辅导老师的要求也相应产生了更高的艺术水准要求,这就要求社区文化服务人员必须具有较高的综合素质。这些社区文化工作人员的配备可从专业院校应、往届毕业生中通过考试录取,专业院团资深专业人员兼职、或免费提供群众文化服务,同样,这也需要当地政府的大力支持,解决社会滞留人员和用人单位人才匮乏的矛盾,把有艺术特长的人才充分组织利用起来,充分发挥作用。通过多种形式的培训,提高他们的专业素养和组织活动的能力,使其能胜任社区群众文化活动组织者的角色。

历史在发展,社会在进步,现今的社区文化中心功能与以往相比已发生了很大的变化,也就是说管理人员的业务素质必须与时俱进,如果没有较高的组织协调能力,没有高层次的艺术活动策划能力,没有高标准的艺术辅导能力,其管辖区域内的群众文化工作势必滞后于时代,所以,提高社区群众文化管理工作人员的业务素质便是不可忽视的问题。

那么,怎样才能提高管理人员的业务素质呢?首先,管理人员必须加强业务学习,必须以百倍的努力,探讨摸索并掌握群众文化的特点和规律,必须不断总结群众文化工作的先进经验。除此以外,上级主管部门也要为管理人员和业务人员创造一定的条件,如定期举办文化馆(站)业务人员培训班,加强业务人员的技能,全面提升基层文化馆(站)长的综合素质,定期举办文化馆(站)人员业务技能比赛,以督促和推动管理人员业务素质的进一步提高,让他们紧跟时代步伐,同时,又给基层群众文化活动的繁荣增强了向心力。

三、要充分利用和共享辖区内现有文化资源

在现在的社区文化建设过程中,多部门、多层次牵头组织的现象比较普遍。例如:文明办牵头举办"文明之夏"广场文艺演出活动;文化馆组织区域

内广场舞大赛;体育局举办健身操比赛;工会开展文化活动向职工送温暖;妇联组织优秀女企业家跟贫困生结对子活动;团委在社区开展青年之家文化活动;文化中心负责开展社区群众性文化活动和文化馆、图书馆建设项目等。这些部门一般说来都是各施其责,各自为政,这样,就很难将社区既有的文化资源充分利用起来。社区内现有的文化活动资源,因为多头管理,导致社区居委会很难拥有整合社区内既有文化资源的权力,会造成文化资源的极大浪费。如果在开展以上活动的同时,社区管理人员能够形成整合调动社区文化资源的有效机制,就会统一协调发展社区群众文化活动和资源共享,这样,就能够保证社区文化建设的各项工作有条不紊地进行,促进良性循环发展。

四、开展丰富多彩的群众性文化活动

运用群众喜闻乐见的形式开展全方位、多层次的社区群众文化活动,通过这些丰富多彩的文体活动,以满足社区群众精神文化生活需求,这也是社区群众文化建设的一项重点工程。这些文化活动既有日常普及型的读书、看报、晨练、下棋、扭秧歌;也广泛开展各具特色的节庆日主题文化活动,如广场文化活动、家庭文化活动等;同时,开辟健身园地,组织居民参加有益于身心健康的体育活动。通过开展各类文体活动,使群众活跃在社区文化舞台上,营造健康向上的社区文化氛围,并极大地丰富了社区群众文化的内涵,通过这样一系列的活动,使得居民的知识文化水平和道德水平有了明显的提高,同样,通过这些文化活动的开展,为人的全面自由发展和社区发展创造了良好的环境。

五、社区群众文化建设策略

社区作为城镇发展最基本的组成部分,针对其进行的群众文化建设对提升社区群众生活水平以及促进社会发展都具有极为重要的作用。新型社区群众文化的建设不仅最大限度地满足了社区群众对精神文化所提出的要求,同时也为丰富多样文化活动的开展奠定了良好的基础。

（一）社区群众文化工作开展过程中存在的问题

第一，社区文化站不仅为社区群众文化生活的开展提供了充足的硬件设施，同时也为社区成员之间的交流与沟通创造了良好的空间。但是现阶段大多数社区文化站由于管理不善而导致其没有面向社区群众开放，始终处于闲置的状态，这样不仅造成了社区文化资源的严重浪费，同时人民群众也失去了对社区文化工作机构的信任。如果只是为了形象工程而建设社区文化站的话，那么必然会对政府相关部门的形象造成严重的影响。

第二，虽然大多数地区的社区文化站都保持着正常运行的状态，但是由于其缺乏必要的文化活动引导和教育，所以对社区群众文化的建设和发展产生了不利的影响。而这也说明了社区群众文化的建设不只是为了向社区群众提供文化场所和文化设施，而是要解决社区群众文化活动项目不足的问题。

（二）促进社区群众文化工作建设效率提升的策略

1.加大互联网在社区群众文化建设中的应用力度。首先，充分利用微信、微博等社交工具加强社区群众之间的联系。城市化进程不断加快的过程中，出现了人际关系的疏远现象，对社区群众文化的健康发展产生了严重的影响，因此必须充分利用网络所具有的开放性和普及性较强的特点将社区群众重新聚集在社区文化建设的周围，才能确保社区群众文化建设工作的顺利进行。随着社会经济的迅速发展以及人们生活节奏的不断加快，社区群众文化建设所采取的传统活动方式所发挥的作用正在逐步下降，但与此同时人们对文化生活所提出的要求却越来越高。所以，互联网随着社会经济的发展已经逐渐成为人们文化生活中最重要的内容。面对这种发展趋势，相关部门必须积极创新社区文化活动方式，不断扩展社区群众的文化领域，促进社区成员参与度的不断提高，只有这样才能促进社区群众文化建设效率的稳步提升。另外，利用互联网进行社区群众文化的建设，对社区文化建设质量和速度的提升都有积极的促进作用。

2.要落实到充实人们的空闲时间和精神空间、实现自我人生价值。为了确保社区群众文化在建设的过程中发挥其促进社区群众综合素养和能力全面提升,扩展社区群众知识技能的目的,必须以社区群众文化的教育作为首要的工作。随着城市化进程的不断加快,人口流动性的持续增强以及社区成员组成复杂程度的日益提高,针对社区成员知识、技能等各方面的教育已经成为社区群众文化建设的重要内容。这就要求各个社区必须充分利用社区内部的相关资源,建立完善的技能交流与分享机制,同时社区根据文化建设的要求提供相应的资金支持,不仅有助于降低社区文化建设的成本,同时也激发了社区成员参与社区群众文化建设的积极性,对社区成员综合素质以及人民群众精神生活的进一步丰富具有积极的促进作用。

3.积极利用新工具、新方法推动和谐社区的建设。社会经济的发展以及城市化进程的持续进行,所造成的人际关系的疏远对社会各个领域信息的扩展产生了不利的影响。比如,不同年龄人群之间存在的代沟。传媒工具的不断发展和更新使不同时代人群之间的信息获取渠道和价值观存在着较大的差异,而这一差异也增加了不同年龄段人群之间了解的难度。

4.积极开展文化活动。社区文化活动的开展作为社区群众文化建设的重要内容,必须在确保活动项目保持娱乐性的基础上,吸引广大社区群众积极参与。虽然社区群众文化建设的目的是为了满足社区群众的娱乐需要促进社区成员参与程度的稳步提升,但是社区群众文化在建设的过程中,不能只是关注活动的娱乐性,而忽略了社区群众文化建设的最终目的。比如,知识、体育类竞赛等活动的开展不仅要达到激励社区群众积极参与的目的,同时还应该充分发挥社区文化活动在提升社区群众综合素质等方面的积极作用。总而言之,社区群众文化建设作为我国社会主义文化建设的重要内容,其在社会经济发展的过程中具有极为重要的意义。所以,社区群众文化建设必须加大新资源、新技术利用的力度,才能确保社区群众文化建设工作的顺利进行。

第三章 群众文化队伍建设与管理

第一节 群众文化队伍的组织方法与建设目标

人才是先进的文化与生产力的有力创造者与传承者。人才是我国文化事业健康发展的重要内驱力,群众文化队伍也是国家人才的重要组成部分。加强群众文化队伍建设,可以更快地推动文化事业的发展。因此,各层级的文化机构皆需积极参与群众文化队伍的建设工作。

一、群众文化队伍的组织

(一)各级政府文化部门

根据我国的相关法律、法规和文化政策,本地区群众文化事业机构由各级政府文化部门负责管理。我国现行行政机构的组织方式是:在各级人民政府内设立相关的文化管理职能部门,在同级政府的领导下,负责组织和管理文化方面的行政事务,并实施对群众文化队伍的管理。国务院文化行政部门依据国务院规定的职责负责宏观管理全国的文化馆。县级以上地方人民政府文化行政部门负责管理本行政区域内的文化馆。例如,各级人民政府所设的文化厅(局)、文化委员会分别负责对同级群众艺术馆或文化馆的管理。

(二)各级群众文化事业机构

各级政府设立的群众文化事业机构,即各级群众艺术馆、文化馆、综合文化站,负责承担对本地域内基层群众文化组织和团队的组织、管理、协调、指导和辅导的任务。[①]在同级政府文化部门的领导下,由本级群众艺术馆、文化

---

① 荆月洁.文化馆融合发展新思路[J].文化月刊,2020(12):2.

馆、综合文化站负责组织群众文化的专业人员,根据相应的专业类别和职能,对地域内的群众文化基层组织和群众文艺团队进行组织、管理和日常辅导。同时可建立由馆、站直接管辖的群众文化组织和团队,并定期开展群众文化活动。

(三)上级群众文化事业机构

根据我国群众文化事业的现行管理办法,上级群众文化事业机构与下级群众文化事业机构是业务指导关系,承担对下级群众文化事业机构的业务指导任务。履行指导职责的方式主要通过业务辅导、培训、调查研究、指导下级群众文化活动等。下级群众文化事业机构需要配合并落实上级群众文化事业机构组织开展的业务活动,完成信息报送、活动组织、作品推荐等具体工作。

(四)人民团体、社会组织设立的群众文化机构

除了政府文化部门群众文化队伍的组织体系以外,工会、共青团、妇联、残联、老干部管理部门等群众团体、社会组织也设有相应的群众文化机构。这些群众文化机构承担对本系统群众文化组织和团队的组织、管理、协调、指导和辅导的任务。在群众文化队伍的管理实践中,各级政府设立的群众文化事业机构是面向整个辖区所有群众开展群众文化服务,而群众团体、社会组织所设立的群众文化事业机构则只负责为本系统的群众文化组织和团队提供服务。两类群众文化事业机构既有联系,又有区别。妥善处理好两者之间的关系,可以有效地促进群众文化事业的繁荣和发展。

(五)各级政府文化部门及相关单位

随着人民群众文化娱乐需求的不断提高,在公园、街头等公共活动场所出现了许多自发组建的群众文艺团队。这些文艺团队已经成为群众参加文化活动的重要载体,在群众文化活动中发挥着重要的作用。各级政府文化部门,活动场地所在的公园管理机构、街道办事处,应将这些活跃在公园、街头的群众文艺团队纳入自己的管理范围,并有效地进行引导和指导。

二、群众文化队伍的建设目标

(一)为群众文化发展提供坚实的人才保障

人才资源是第一资源。群众文化队伍需要一批有知识、有文化、专业水平高、责任心强、热爱群众文化事业的人才。要使群众文化所需的人才能够源源不断地充实到群众文化队伍中来,就需要进一步完善群众文化人才的管理体制和用人机制。目前,我国群众文化队伍的人员结构虽然较之以往有了很大的改善,一批专业院校毕业的大学生、研究生不断地补充到群众文化队伍中来。但现行的人事管理制度仍有许多不够完善的地方,制约了群众文化队伍的发展和进步。目前国家正在进行的"分类推进事业单位改革"的工作,将有助于改变群众文化队伍建设方面的痼疾,有利于营造优秀人才脱颖而出的体制机制和社会环境。

(二)建立健全政策措施和保障制度

建立和完善群众文化队伍培养的政策措施和保障制度主要体现在以下几个方面。

1.规划引导。规划引导即强化对建设高素质人才队伍的职责意识。政府文化部门应成立群众文化人才建设领导小组,制定群众文化人才工作实施规划,将群众文化人才工作纳入基层领导班子目标考核责任制。同时,对群众文化事业要准确定位,在政策法规上规范群众文化人才的发现、培养和使用。

2.培养选拔。培养选拔就是将群众文化人才按照专业、能力等进行分类,开展有针对性的培养工作;创新培养方式,采取形式多样的培训方法;通过推行公开选拔、竞争上岗等制度,大胆发现并积极培养群众文化人才。

3.合理使用。合理使用即坚持以人为本,不断地创新和改革用人机制。实行职业资格管理制度,实行全员聘用制和岗位管理制。杜绝官本位思想,不能把"尊重人才"简单地理解为"让人才当官"去从事领导或管理工作,而应根据群众文化人才的特点,最大限度地用其所长,保证人尽其才;同时,应注意不断提高群众文化人才的政治、经济和社会地位。

4.科学评价。科学评价即建立社会公认的群众文化人才评价制度和以行业公认的业绩为衡量标准的人才考评机制。对群众文化人才的评价,应按照不唯学历、不唯职称、不唯资历、不唯身份的要求,建立人才综合测评体系,将贡献、业绩、能力作为人才的主要评价指标。

5.创新管理。创新管理即建立起与社会主义市场经济相适应、与促进文化事业大发展大繁荣相适应的人才发展机制和人事管理体制,建立群众文化人才的考评机制、用人机制和激励机制,建立群众文化专业技术人员职业资格证制度。群众文化专业技术人员职业资格是从事群众文化工作前应取得的职业资格。群众文化专业的从业人员从属于社会文化指导员(师)职业,可将群众文化从业人员按照社会文化指导员职业资格的认定制度分为初级、中级、高级社会文化指导员和社会文化指导师等层级。

(三)加强对从业人员的规范化管理

群众文化从业人员是指在群众文化事业机构中工作并取得工资或其他形式劳动报酬的人员,即各级群众文化事业单位的工作人员。群众文化从业人员大体可分为三类:一是群众文化事业机构的管理人员,即各级群众艺术馆、文化馆(站)的馆长、站长及其他管理人员(职员);二是群众文化事业机构的专业技术人员,即从事群众文化艺术活动及辅导的群众文化业务人员;三是群众文化的工勤技能人员。对这三类人员应当区分情况,采取不同的方式进行管理。这是从业人员规范化管理的重要方面。

对群众文化从业人员的管理,应在建立健全群众文化人才引进、培养、选用工作机制的基础上,针对不同专业和门类的特点,加强分级分类指导,实行动态管理,并不断加大管理力度,注重在实践中发现和培养人才。同时应建立严格的人才绩效考评制度,将群众文化从业人员的工作情况纳入年度绩效目标考核之中。要强化对群众文化从业人员的培训,把培训的重点放在提高思想政治觉悟和业务素质以及新形势下提高做好群众文化工作的能力等方面。

(四)吸引各类优秀人才进入群众文化领域发展

群众文化工作的重点在基层。[①]解决基层群众文化人才资源不足的问题,采用鼓励高校毕业生以及专业文艺院团改革中的分流人员到基层从事群众文化工作,是一条重要的途径。例如,农村中"大学生村官"从事群众文化工作,城市中专业文艺院团的文艺人才在社区中担任文化指导员,都对基层群众文化活动的开展起到了重要的推动作用。

吸引各类优秀人才从事基层群众文化工作还可以采用如下办法:一是对基层群众文化事业机构的空缺岗位实行社会招考录用,特别注重从社会各界发现具有文艺特长和实际工作经验的群众文化人才,通过聘用考核,安排到基层群众文化事业机构去工作;二是在群众文化系统中建立人才选拔调用机制,上级部门或单位的职位和岗位空缺,可采用从基层群众文化机构选调拔尖人才的办法,以此激励在基层工作的优秀人才奋发进取,即使进入上一级机构工作的群众文化优秀人才,也应鼓励和选派他们到基层锻炼或工作,借以积累工作经验,促进优秀人才的合理流动;三是对于在群众文化领域工作多年的群众文化工作者,应鼓励他们到基层挂职,以此推动基层群众文化工作水平的提高。

(五)建设专兼职群众文化工作队伍

基层文化骨干和文化能人是群众文化队伍的重要构成,也是群众文化工作的有生力量。活跃在社区、农村中的群众文艺团队、特色文化户(家庭)等,都离不开基层文化骨干和文化能人的指导。因此,应当紧紧依靠和充分发挥这些文化骨干和文化能人在基层群众文化活动中的作用,不断壮大专兼职的群众文化工作队伍。

[①]王珊. 在新形势下如何开展基层群众文化工作[J]. 群文天地,2012(A12):1.

第二节 群众文化专业队伍的管理

一、群众文化专业队伍的基本概念

群众文化专业队伍有广义、狭义之分。广义的群众文化专业队伍是指日常从事群众文化工作的各类群众文化事业单位的工作人员，包括各级文化馆（群众艺术馆）、综合文化站以及人民团体、社会组织专门设立的从事群众文化工作的文化中心（文化宫）、青少年宫等机构的人员。

狭义的群众文化专业队伍，则由群众文化事业单位中专职从事群众文化专业技术工作和管理工作的人员组成，主要包括群众文化从业人员中的第一类人员和第二类人员，即群众文化事业机构的管理人员及专业技术人员。

二、群众文化专业队伍的组建

群众文化专业队伍由各级政府或由工会、共青团、妇联、残联等人民团体负责组建，由各级政府文化部门或各类人民团体、社会组织的相关部门承担人员管理职责。

群众文化专业队伍的组建涉及人员来源、人员构成和人员管理三个方面。

（一）人员来源

群众文化事业单位采取面向社会公开招聘的方式，扩充群众文化专业队伍。公开招聘应坚持德才兼备的用人标准，贯彻公开、平等、竞争、择优的原则，并应根据群众文化业务所需的专业，注重对拟用人选才艺、业绩和实际工作能力的考核。招聘方法为：①公开发布招聘信息。包括载明用人单位情况简介，招聘岗位，招聘人员数量及待遇，应聘人员条件，招聘办法，考试考核的时间（时限）、内容、范围，报名方法等事项。②资格初审。根据拟聘条件对应聘人员的资格条件进行审查，确定符合基础条件的人员。③考试、考核。可采用笔试、面试等多种方式。即根据群众文化专业和拟聘岗位的特点确定考试科目和方法，重点进行专业知识、业务能力和工作技能的考察。一般初审合格者可参加由相关专业机构组织的公共科目笔试；笔试合格者可参加各用人单位进行的专业技能测试或面试；急需引进的高级专业人才，可采取直接考核的方式招聘。④复查。对通过考试的应聘人员，进行思想政治表现、道德品质、业务能力、工作实绩等的考核，并对应聘人员的资格条件进行复查。⑤拟定人选并公示。即组织相关人员集体研究，按照考试和考核结果择优确定拟聘人员，并在适当范围公示7—15天。⑥正式聘用。按照人事管理权限报批或备案，由法定代表人（或受委托人）与受聘人员签订聘用合同，确立人事关系。

（二）人员构成

群众文化专业队伍的人员应由在群众文化事业单位中专门从事群众文化艺术及相关业务的专业人员构成，既包括文化馆（站）的专业人员，也包括其他群众文化事业机构的专业人员。以政府设立的群众艺术馆、文化馆的专业人员为例：根据2011年《群众艺术馆、文化馆评估标准》确定的艺术门类及相关功能的配备要求，群众文化专业人员应涵盖文学、音乐、舞蹈、戏剧、曲艺、美术、书法、摄影及非物质文化遗产（民族民间文化遗产）、群众文化理论以及演出设备管理、数字化服务设备管理等10个艺术门类及职能。同时要求，群众艺术馆、文化馆应保证各专业门类及功能配备齐全，并保证其中部分门类及职能配备专门人员；每个门类及职能的专业人员数量，可根据群众文化事业单位的具体情况而定。同一个艺术门类的人员配备，应尽量兼顾不同的专业，如群众舞蹈应配备民族舞蹈、芭蕾、国际标准舞等专业人员；群众音乐应配备声乐、器乐、指挥等专业人员。不必强求每一艺术门类的不同专业都配备一名专业人员，群众文化专业人员应能做到一专多能。尤其对于县级文化馆而言，应根据人员编制合理配置相关门类及职能的专业人员。而对于综合文化站而言，由于人员编制的限制，不可能配备艺术门类和职能齐全的专业人员，可根据自身条件和地域特色，优先配备受众群体广泛、群众辅导活动需要的相关艺术门类和职能的专业人员。

(三)人员管理

按照国家关于事业单位管理的相关规定,群众文化专业队伍的管理应实行人员聘用制度和岗位管理制度。群众文化事业单位的业务人员需经过培训考核合格后持证上岗。在专业人员管理上,推行岗位职级管理制度及与之相配套的人员聘任制度、工资分配制度和社会保障制度,将人员由身份管理转变为按岗位职级分类管理。个人待遇与所在岗位的工作量、工作难度、责任大小挂钩,实行"级随岗走、薪随岗变",强化绩效管理,鼓励专业技术人员向"专业能手"发展。在人员聘任上,应按照"按需设岗,按岗聘任,签订聘约,优胜劣汰"的要求,科学设岗,严格考核,全面推行聘约管理。应根据群众文化专业队伍的不同专业类别、不同岗位,进行分类细化管理,实行不同的考核办法,科学设岗,竞聘上岗,评聘分离,以岗定薪,岗变薪变。打破现行的、单一的职称评审制度,实现群众文化职称资格社会评审、文化馆(群众艺术馆)专业技术职务按岗聘任和社会文化指导员职业资格认证制度三者并行的人员管理制度。

三、群众文化专业队伍的标准

群众文化专业队伍的人员应符合如下三项基本标准。

(一)政治思想素质

群众文化工作者所进行的是社会审美教育,因此要求群众文化专业队伍的人员应具备良好的政治思想素质:一是要热爱群众文化工作,有强烈的事业心和责任感,拥有良好的职业道德和职业操守;二是要有良好的思想品德和正确的人生观和价值观,要为人师表,当好"人类灵魂的工程师",并能正视和解决自身存在的问题;三是面对各种复杂的社会现象要有较强的识别能力和判断能力,坚持弘扬真善美,摒弃假恶丑;四是要有群众文化工作者的亲和力和强烈的服务意识,有无私奉献的精神。

(二)专业技术能力

群众文化专业人员要具备较强的专业技术能力:一是要掌握相关的专业知识,同时加强对各种相关学科专业知识的学习,使自身的专业知识达到一定的水准;二是要具备群众文化活动的组织操作能力,包括策划能力、指挥能力、辅导能力、教学能力等;三是要具备一定的专业理论修养,具有分析问题和解决问题的能力;四是要具备较强的专业技能,拥有一项甚至多项群众文化的专业特长,具有进行群众文化传播的技能和进行群众文化理论研究的技能。

(三)从业资格

群众文化专业人员需要取得必要的从业资格:一是要求群众文化专业人员必须具备一定的专业学历;二是通过群众文化专业技术知识和能力的考核。

2011年,国家人力资源和社会保障部发布了12批新职业的划分方法,"在群众性社会文化活动中,从事文化艺术传授、文艺表演和创作指导,整理、研究和开发民间文化艺术的人员"的职业名称被定为"社会文化指导员"。其从事的主要工作内容被定义为:①对社会文化活动进行咨询与指导;②对社会文化活动进行专业能力辅导;③策划、组织、排练和演出;④策划和实施群众性文化活动;⑤管理和使用社会文化活动所需要的场地、设备、器材、服装、道具等;⑥抢救、保护和开发利用民间民俗文化遗产。从这一意义上说,现行群众文化事业机构的专业人员,都可以划归到"社会文化指导员"这一职业范畴。目前,国家统一定名的"社会文化指导员"的职业名称尚未规范和推广,以"社会文化指导员"定名的职业资格考试也尚未开设,但可以想见,对群众文化全行业的职业规范之路将成为必由之路。

对群众文化专业人员的继续教育培训是提高群众文化专业队伍水平的重要内容和必要措施。2007年,人事部、教育部、科学技术部、财政部印发的《关于加强专业技术人员继续教育工作的意见》明确规定:"专业技术人员每人每年脱产或集中参加继续教育的时间累计应不少于12天或72学时。"2011年《群众艺术馆、文化馆评估标准》也以群众文化"业务人员岗位培训、继续教育达到72学时","职工教育及岗位培训达到48学时"作为群众文化继续教育考核的基本依据。因此,群众文化专业技术人员应根据国家对专业人员继续教育培训的有关要求,每年参加本单位和上级指导单位举办的继续教育培训,完成规定的学时。

四、群众文化专业队伍的培训

加强公共文化服务的人才队伍建设,提高群众文化专业队伍的服务水平,是各级政府文化部门的职能。从这个意义上说,群众文化专业队伍的培训应由各级政府文化主管部门负责。因此,各级政府文化部门应当根据党和国家的文化政策、时代要求,并根据群众文化专业队伍的整体水平、共性特点和薄弱环节,有针对性地开展岗位培训和继续教育。

群众文化专业队伍的培训内容包括:国家有关文化方面的政策和法律、法规,公共文化服务体系建设及有关群众文化的基础理论和专业知识,各类群众文化艺术的各种专业知识和技能等。国家有关文化方面的政策和法律法规,是群众文化健康发展必须遵循的基本原则和规定,只有准确把握国家有关文化建设的目标任务、政策规定,才能保证群众文化工作不偏离社会主义先进文化的前进方向。因此,强化对国家有关文化政策和法律法规的培训,是提高群众文化专业队伍工作水平的基本保证。

对群众文化专业队伍的培训,应注意抓好三个环节:一是根据人员的岗位类别分类进行。群众文化事业单位的岗位主要分为管理岗、专业技术岗和工勤技能岗。三种岗位的职能特点有明显的区别。因此,举办培训应区别对待,设置不同的培训班种和培训内容。培训课程可分为公开课和专业课,公开课以公共文化知识为主,所有人员均可参加。专业课则应侧重不同岗位的不同需求,以不同岗位的不同知识为内容。二是根据专业技术人员的职称层次开设培训班种和课程。可根据初、中、高级不同职称的人员,分别开设基础班、提高班和研修班。三是对群众文化专业队伍的培训应进行考核。即根据不同岗位和不同的专业技术门类,采取不同的考核方法,组织相应的展示和表彰。

五、群众文化专业队伍的考核

群众文化专业队伍的考核是群众文化队伍建设的重要方面。考核一般以考量从业者的工作业绩和工作态度为主,通常以岗位职责或工作说明书作为衡量绩效的标准。考核的内容应符合岗位的实际需要,主要包括德、能、勤、绩四个方面,以考核工作业绩为重点。

德:指工作态度和职业道德。即做到遵纪守法,敬岗爱岗,有良好的职业道德和政治思想品德。应主要从群众文化工作的角度去考核从业者的敬业精神和工作责任心,考核从业者的社会主义觉悟和相应的法律道德意识。

能:指工作能力和创新能力,包括从业者的体能、学识、智能和专业技能等内容。群众文化工作要求从业者要做到"懂",即要做到懂群众,懂群众文化,懂专业艺术,能够了解和掌握群众的文化需求,具有较强的群众文化专业知识、技能和所需要的基本能力。考核的重点应放在对从业者调研能力、创作能力、学习能力的评定上,同时应检查专业技术人员参加继续教育学习的情况。

勤:指服务意识和工作态度,即从业者的工作积极性、责任心、纪律性和自觉性。群众文化从业者应具有服务意识,肯于并乐于为群众做好群众文化服务。考核时应着重检查从业者的履职态度、劳动纪律和出勤情况。

绩:指工作效率和效果,又称为绩效,是工作数量与质量的统一。包括从业者在岗位上完成工作的数量、质量、成本、社会效益或经济效益,以及专业技术人员获奖、发表论文、获得专利、出版论(译)著等情况。岗位外的绩效也是绩效考核的重要组成部分。考核时应重点检查从业者完成本职岗位任务指标的情况,以及所取得的工作成果。

提高群众文化专业队伍的考核质量,需要研究和制定科学的考核指标体系,制定和完善严格、规范、可操作性强的考核办法,充分体现考核过程和考核结果的客观性、公正性和全面性。

第三节 群众文化骨干队伍的管理

在群众文化工作中,做好基层骨干培训与队伍建设工作,是满足人民群众文化需求的重中之重。群众文化服务工作有很多内容,然而纵观每一项工作内容,乃至整个公共文化服务体系的建设,都与基层骨干有着不可分割的关联。可以说,基层骨干队伍为群众文化服务工作奠定了坚实的基础。事实证明,拥有了稳固的、日益壮大且常保活力的基层群众文化骨干队伍,群众文化事业就会更繁荣,为公众提供文化服务的能力也就越强大。

一、群众文化骨干的特征

群众文化骨干是群众文化活动的基本力量,在群众文化活动中发挥着中坚和带头的作用。群众文化骨干具有三个方面的特征。

第一,热爱群众文化,以满腔热情投入群众文化工作。热爱群众文化是群众文化骨干最根本的动力来源,并在群众文化活动中能够激发和展示自己的全部能量。

第二,具有一项或多项文化艺术专业技能,愿意以自己的专长帮助他人。群众文化骨干一般具有较高的专业文化艺术水平,在群众中有很高的威信和影响力,具有表演示范能力和辅导指导能力。

第三,具有较强的组织能力,能够鼓动和引导他人参加群众文化活动。群众文化骨干在群众文化活动中大多集组织者、辅导者和管理者于一身,有较强的组织协调能力。群众文化骨干作用的发挥,一定程度上制约着群众文化活动的兴衰。

二、群众文化骨干队伍的培植

群众文化骨干队伍需要进行有目的、有计划的培植。培植群众文化骨干队伍主要包括以下几个方面的内容。

第一,提高群众文化骨干的业务水平,给他们提供参加各种培训、交流、表演和深造的机会。群众文化骨干虽然热爱群众文化艺术,具有一定的群众文化艺术特长,但很多人没有系统地学习过文化艺术专业知识和技能,需要不断地充实知识和提高水平,往往对参加培训、交流、表演、深造的要求十分强烈。因此,各级群众文化事业机构应定期对他们进行培训,为他们创造更多的实践和深造的机会。

第二,对群众文化骨干组建的或在其中发挥重要作用的群众文化(艺术)社团,在场地、师资、设备等方面给予积极的扶植和帮助。群众文化骨干和他们所组建的群众文化(艺术)社团在群众文化活动中发挥着十分重要的作用,因此各级政府文化部门和各级群众文化事业机构应根据群众文化骨干和他们所在的群众文化(艺术)社团的水平、层级、活跃程度、贡献等因素,提供必要的辅导和服务。

第三,采用表彰、命名和奖励等手段,调动群众文化骨干的积极性。表彰、命名、奖励等手段对群众文化骨干有着重要的激励作用,也是对其进行管理的有效手段。各级政府文化部门和各级群众文化事业机构应分别从组织管理和业务管理的角度,采用多种方式进行表彰、命名和奖励。

三、群众文化骨干队伍的考核

(一)考核时间

对群众文化骨干队伍应定期进行考核。考核周期以一个年度考核一次为宜。根据一般的工作常规,可选在自然年度结束后的时间段进行。

(二)考核内容

对群众文化骨干的考核主要可安排三项内容。

第一,个人群众文化专业知识和技能的考核。主要考核个人专业特长方面的知识和技能,如舞蹈、音乐、戏剧等方面的内容。

第二,个人参加群众文化活动业绩的考核。主要考核个人年度内取得的成绩,如参加相关群众文化活动所获得的奖项、表彰,发表(出版)个人作品(专著)等内容。

第三,个人参加群众文化培训学习情况的考核。主要考核个人参加各类辅导、培训的情况,包括所学的知识、学习体会以及考勤情况等。

考核应以群众文化专业水平和能力为重点,目的在于准确掌握群众文化骨干的专业水平,及时获得群众文化骨干的需求信息,以调动群众文化骨干的积极性,更好地为其提供帮助。

(三)考核方式

群众文化骨干队伍的考核可采用总结、考试、问卷、评比、测评等多种方法。考核结果应与表彰奖励结合。考核方式应采取灵活、多样的形式,可根据不同类别、不同艺术专长采取不同的方法。例如,针对群众文化(艺术)社团的负责人,可采用总结、交流的方法;对于一般骨干成员,可采用考试、问卷的方法;对于相同艺术门类的骨干,可采用比赛、评比的方法。对于考核中的优秀者,应当在进行精神奖励的同时,给予一定标准的物质奖励。

四、群众文化干部队伍的管理

从群众文化工作干部所担负的工作职能来看,其不但要担负起群众文化工作组织、策划的重任,同时还要通过积极的工作投入与付出,推动社会主义公共文化事业的顺利开展。因此每一名群众文化工作干部均应当注重对自身业务能力以及综合素质进行有意识的提升。要坚持科学发展观,树立公共文化服务意识,增强为公共文化服务的主观能动性,发挥核心作用,加强学习,不断提高自身为群众文化事业服务的能力。

(一)加强群众文化干部的学习

作为一名群众文化工作干部,其首要身份便表现为国家工作人员,因此,在开展、实施各项工作的过程之中,群众文化干部必须注重对党中央出台的文艺路线方针的认真学习、体会,以使其在精准地领会党中央的文艺精神之后,将之真正地贯彻到日常群众文艺工作之中。有鉴于此,广大群众文化工作干部要秉持和形成终身学习的意识,时刻不忘对自己进行理论培养以及技能提升,以便使自身的素质同当前我国群众文化工作整体要求相匹配。

首先,应当使广大群众文化工作干部养成持续学习、坚持自我提升的工作理念。要想成为一名称职的群众文化工作干部,必须首先塑造良好的学习理念。通过每一名干部的自身努力和付出,确保群众文化队伍的整体文化素质以及理论素养得到稳步提升。每一名群众文化工作干部要站在实现中华民族伟大复兴的战略高度,站在代表先进文化前进方向的时代前沿,来认识创建学习型群众文化干部队伍的重要性。要引导全体群众文化工作者牢固树立学习是生存和发展的需要的理念;树立学习工作化、工作学习化的理念;树立终身学习的理念;树立创新性学习的理念。使学习逐步成为每一个群文干部自觉的行为准则。

其次,群众文化工作干部必须有意识地养成善于反思、善于总结以及善于研究的学习模式。此种模式要求每一名干部要敢于"倒空自己",从而能够以虔诚的态度、钻研的精神和不懈的努力投入到学习之中。群众文化工作干部应当涉猎的学习内容包括:文艺理论知识、民族文化知识以及现代文化知识等,唯有如此,方才能够做到对自身知识半径的扩大。

最后,群众文化工作干部必须树立学习目标。任何学习活动本身并非是一蹴而就的,而是需要学习者为之付出持续的投入与努力。有鉴于此,群众文化工作部应当结合自身的实际情况,制定好近期学习目标以及远景学习目标,以此保证使自身的文化理论水平得到稳步进步。同时,广大群众文化工作干部要结合当前的历史形势,对已经制定的学习目标加以不断地修正和调整,以便使自身的知识积累契合新工作形势的要求。

(二)提升群众文化工作干部的培训实效性、强化德育教育

为帮助群众文化工作干部更好地进步,各级文化主管部门应当为广大群众文化工作干部提供旨在帮助其实现理论提升与技能进步的各类专项培训,各级文化主管部门要采取多种形式和渠道,分期对群文干部进行业务培训,不断提高他们的业务技能,比如,对于群众文化干部统筹开展群众文化活动、组织开展群众文化辅导工作以及搞活文艺创作等方面,都应该进行相应的培训,以多种形式创新开展群文活动,提高群众文化水平。此外,要连同思政宣传部门加强对干部人员的德育教育,使群众文化干部牢记为人民服务的宗旨,走群众路线,创作符合群众审美趣味的群众文化作品,真正做到群众文化为群众。

(三)依托机制建设,提升群众文化工作干部的积极性

为提升广大群众文化工作干部的工作积极性,群众文化部门应该大力完善规章制度建设,加强对群众文化干部的管理、考核和奖励。要根据新时期发展公共文化的需要,按照精干、高效原则,建立比较完善的制度,制定出切合实际而又可行的管理措施,确保群众文化干部队伍建设实现规范化和制度化,永葆群众文化干部队伍建设长青。可针对群众文化干部队伍建设需要,制定《群文干部岗位工作制度》《群文干部奖励与处罚制度》等,约束群众文化干部,确保其遵守岗位职责。依托系统的机制建设,使群众文化工作干部队伍建设能够始终走在正确的道路上,从而使广大群众文化工作干部能够在获得充分的机制保障的情况下,保持工作的动力。

在当前新的历史条件下,广大群众文化工作干部应当注重结合当前新的形势,为自身制定明确的工作、学习目标,以便提升自身的文化修养和工作业务能力。如此一来,将确保广大群众文化工作干部能够在新的时期,可以坚定地担负起群众文化工作的重任,进而为我国的社会主义文化建设事业提供足够的助力。基层群众文化干部是最直接落实文化改革发展的实践者,是最坚实的群众文化工作者。因此,文化部门应该坚定不移地在发展社会主义先进文化中建设一支高素质的基层群众文化工作队伍。

第四章 群众文化工作

第一节 群众文化工作的内容、任务和基本原则

一、群众文化工作的内容

(一)群众文化工作的概念

群众文化工作是整个文化工作的重要组成部分,更是整个文化工作的主阵地,它直接关系到整个文化工作的优劣成败。

因此,研究群众文化工作的意义、特点、规律,不仅对于群众文化工作本身,而且对于整个文化工作,均有重要的理论思考价值与实践参考价值。为此,本文专门对群众文化工作进行全面系统、深入细致的研究与论述,以期引起对群众文化工作的关注。

具体而言,群众文化工作的解读,可以分解为以下四大层面。

1.群众文化工作的重要意义。群众文化工作作为整个文化工作的主阵地,具有重要的战略意义。一方面,它直接决定国家整个文化工作的优劣成败;另一方面,它又直接承担着提高全体国民整体文化素质的重任。而文化素质又是一种智力系统与软实力系统,它直接决定了国家未来发展。

众所周知,文化是一个内涵十分丰富的大概念,"广义指人类在社会实践过程中所获得的物质、精神的生产能力和创造的物质、精神财富的总和。狭义指精神生产能力和精神产品,包括一切社会意识形式:自然科学、技术科学、社会意识形态。有时又专指教育、科学、文学、艺术、卫生、体育等方面的知识与设施"。其实,早在19世纪,英国著名学者泰勒就对"文化"给出了多

元内涵的定义:"所谓文化或文明乃是包括知识、信仰、艺术、道德、法律、习俗以及作为社会成员的个人所习得的其他任何能力、习惯在内的一种综合体。"

文化作为一种"软实力",已成为当今世界各个国家综合国力的重要体现之一,与经济、政治共同构成三足鼎立的大格局。

在这样的时代背景下,群众文化工作就更加凸显出它的重要意义,直接关系到全民文化素质与整个国家的兴衰强弱。

2.群众文化工作的指导思想。群众文化工作要根据其本身的特点与规律,制定并执行它自身的指导思想,其中主要有以下几点。

第一,普及与提高相结合、以普及为主。群众文化工作要普及与提高相结合,以普及为主,即在普及的基础上提高,在提高的指导下普及。

群众文化工作面向广大人民群众,因此要重在普及,要克服片面提高的倾向。群众文化工作也可以创造文化精品、培养文化精英,但这不应当作为主导方面,主导方面应当定位在广大人民群众普遍参与、整体提高上。

第二,专业与业余相结合,以业余为主。一般情况下,群众文化工作都属于业余文化工作范畴,虽然也有少数单位利用一定时间进行专门脱产的文化活动或艺术活动(排练与演出),但是必须坚持以业余为主的指导思想。

第三,灵活机动,因人因地因时而异。群众文化工作因受参加主体的多元性、活动地点的多变性、活动时间的不确定性等特点的制约,所以要坚持灵活机动的指导思想。要根据不同人群、不同场合、不同时间的文化需求,因人因地因时而异,采用不同的文化内容、文化方式,开展群众文化活动。

第四,群体与个体相结合,以群体为主。群众文化工作,顾名思义,应以群众的群体参与为主,对其中文化活动的骨干,可以调动他们的模范带头作用,做到群体与个体相结合。

第五,非辅导与辅导相结合,以非辅导为主。群众文化活动有时由艺术馆、文化馆的专业文化人员进行辅导,但大多时候不可能全都辅导,所以要非辅导与辅导相结合,以非辅导为主。

3.群众文化工作的主要内容。群众文化工作因参加主体的多元化,故其工作内容也呈现明显的多元性、丰富性特点。这一特点又具体表现在以下几个层面。

(1)文化性质的多元性:群众文化工作所涉及的群众文化性质多种多样,其中主要有企业文化、农村文化、学校文化、军营文化、商业文化等。

(2)文化类别的多元性:群众文化工作所涉及的群众文化类别,也多种多样,其中主要有田间文化、车间文化、街道文化、庭院文化、餐饮文化、茶文化、酒文化、娱乐文化、科技文化、节庆文化、民俗文化等。

(3)文化样式的多元性:群众文化工作所涉及的群众文化,具有不同的文化样式,既有文学、绘画、雕塑、书法、摄影、戏剧(包括小品、戏曲)、曲艺(包括二人转、相声等)、音乐(包括声乐中的美声唱法、民族唱法、通俗唱法、原生态唱法中的独唱、重唱、合唱与器乐中西洋乐器与民族乐器的独奏、重奏、合奏、协奏等)、舞蹈(包括民族舞中的秧歌舞与现代舞中的迪斯科、街舞以及芭蕾舞,等等),又有科技文化(科技信息交流、科技咨询等)、体育文化(各种球类、棋牌、体操等),真可谓林林总总,应有尽有。

4.群众文化工作的必要方法。为了全面做好群众文化工作,还要采用恰当有效的群众文化工作方法。

方法虽然作为在各项活动中所采用的方式、办法、门路、手段,但是对于实现工作目的,具有重要的甚至是决定性作用。马克思主义哲学的两大支柱就是认识论和方法论。认识论属于人类知识的来源、发展过程,以及认识与实践的关系的学说。而方法论则是关于认识世界、改造世界的根本方法的学说。认识论与方法论是密切相连、互相匹配的。

具体来说,群众文化工作的必要方法,主要有以下几种。

(1)寓教于乐法:群众文化工作要通过群众自娱自乐的过程,达到提升其文化素质的教育目的。

(2)亲情服务法:群众文化工作中的文化辅导干部,要在辅导工作、组织工作中,热心为群众服务,与群众打成一片,亲情互动,双向交流。

(3)团体合作法:群众文化工作多半是群体活动,所以必须充分发挥团队精神,树立集体荣誉感,要团结合作,共进共赢。

(4)游戏法:游戏法是由寓教于乐法衍生出来的一种群众文化工作的方法。所谓"游戏",是指文化娱乐中的一种,又分为发展智力的游戏与发展体力的游戏两种,发展智力的游戏有文字游戏(如赛诗会、对对联、猜灯谜等)、图画游戏、数字游戏等,简称为"智力游戏",发展体力的游戏包括活动性游戏(如丢手绢、捉迷藏、击鼓传花、搬运接力等)、非竞赛性体育活动(如康乐球等),简称为"体力游戏"。游戏作为一种娱乐性文化活动,早就被人们所重视。18世纪德国哲学家席勒与19世纪英国哲学家斯宾塞的相关理论发展为"席勒—斯宾塞理论",认为艺术起源于人类所具有的游戏本能。席勒指出:人的"感性冲动"与"理性冲动",必须通过"游戏冲动"才能有机地统一在一起。人在现实生活中,既受到自然力量与物质需要的强迫,又受到理性法则的制约与强迫,是极不自由的。只有在"游戏"时,人才能真正摆脱自然的强迫与理性的强迫,获得真正的自由,才能实现物质与精神、感性与理性的和谐统一。在这种自由活动中,人的过剩精力得到了发泄,并从中获得美的愉悦。群众文化工作的游戏法,重在让群众在文化活动中自娱自乐,释放压力,减轻负担,实现自我价值,享受自我价值。

(5)强化主体法:群文工作必须强化"群众是主体",文化工作者是主导的思想,强化主体法,使广大人民群众真正成为文化活动的主体,而不能越俎代庖,不能有一丝一毫的弱化主体的倾向。

(6)循序渐进法:群众文化工作必须运用循序渐进法,要由易到难、由简到繁、由小到大、由浅入深、由单一到多元,步步为营,层层递进,级级攀升,力戒一蹴而就、一步到位的急功近利之法。

(7)示范法:群文工作必须运用示范法。既可以由群众文化辅导干部事先做示范,也可以由群众文化艺术骨干来示范。既可以口头示范,又可以动作示范。总之要通过示范带动广大人民群众,提升文化能力,增强文化素质。

(8)启发诱导法:群众文化工作必须运用启发诱导法,力戒耳提面命、强行灌输。要因势利导,循循善诱,自然而然地进行,做到瓜熟蒂落、水到渠成。而不要"硬扭瓜"、强人所难。为达此目的,群文工作者就必须深入群众,了解实情,做到想群众之所想,急群众之所急,应群众之所需,投群众之所好。

综上所述,可见群众文化工作是一项全方位、系列化、深层次、高水准的复杂系统工程,它需要方方面面的努力,才能取得显著的成效。

(二)群众文化领导部门工作的主要内容

在公共文化服务体系建设的大背景下,保障公民的基本文化权益,满足公民的基本文化需求,发展公益性文化事业是政府的根本责任,为公众提供公共文化服务是政府文化主管部门的核心职能。政府既是公共文化服务体系的管理者,也是公共文化服务的主要提供者。因此,群众文化领导部门所承担的群众文化工作主要是发展和推进公益性文化事业,为公众提供公益、普惠的公共文化产品和服务。

群众文化领导部门所承担的群众文化工作的主要内容包括以下几点。

第一,确定群众文化发展的战略和核心价值理念,提出群众文化发展的宗旨、原则、目标等。作为公共文化服务体系的重要组成部分,群众文化工作必须坚持社会主义先进文化的前进方向,遵循国家文化发展的总体战略以及文化发展的总体要求。群众文化领导部门应当立足于公共文化服务体系建设的根本目标,根据国家文化发展的总体战略和要求,提出并确定本地区、本系统群众文化工作的战略目标和任务。包括:提出群众文化发展的总目标和阶段发展目标;明确群众文化发展的基本宗旨和原则;确定群众文化发展的基本思路和框架;提出群众文化发展的基本任务等。

第二,制定群众文化事业的发展规划。群众文化事业的发展需要制定规划,制定规划的过程就是根据所确定的战略目标,研究采取哪些措施和方法去实现这些目标。制定群众文化发展规划应注意目标明确、可操作性强、组织落实、留有余地。其规划框架应由基础条件与现状分析、指导思想与规划依据、主要目标与基本原则、计划任务与数据指标、责任落实与保障措施等要点构成。

第三，制定群众文化政策、法规，搭建群众文化服务的制度平台。搭建政策平台，增强服务意识，是群众文化领导部门完善群众文化管理、做好群众文化工作的重要环节。特别是在构建公共文化服务体系、推动社会主义文化大发展大繁荣的背景下，政策保障尤为重要。因此，群众文化领导部门在制定群众文化事业发展规划的同时，还应制定和完善各项群众文化工作的相关政策和文化法规，搭建群众文化服务的制度平台，推动群众文化工作逐步向法制化、制度化、标准化、规范化的方向发展。群众文化政策法规建设的主要内容包括：群众文化保障人民群众的基本文化权益问题；发挥群众文化设施的功能作用问题；群众文化的功能定位和基本任务问题；群众文化人才队伍的培养建设问题；群众文化事业机构的改革问题等。

第四，保障群众文化的设施建设和群众文化服务的经费投入，对社会性群众文化服务机构提供资助。群众文化作为一项公益性的文化事业，需要得到政府给予的财政支持。群众文化领导部门应当保障群众文化所需的基本设施和设备，保障群众文化服务所需的资金投入。同时对承担公益性文化服务任务的社会性群众文化服务机构提供必要的财力支持，还可采取政府购买、项目补贴或者奖励等方式，鼓励和支持其他社会力量提供公共文化服务，推动经营性文化设施为群众提供低价或免费的公益性文化服务。群众文化的设施建设主要指群众文化服务机构开展群众文化活动所需的基本用房、基础设备以及一定的室外活动场地；群众文化服务的经费投入主要指开展群众文化活动和提供基本文化服务所需资金，群众文化从业人员的基本费用，以及群众文化设施设备运营和维护所需费用。

第五，对群众文化服务机构进行指导、监督和绩效考评。对群众文化服务机构进行指导、监督和绩效考评，是群众文化领导部门的职责所在。这种指导、监督职能是：保证群众文化服务机构严格执行国家的法律法规；落实党和国家关于公共文化服务体系建设的方针政策；指导和推进群众文化服务机构的体制机制改革、公共文化服务、重大群众文化活动、基层文化建设、非物质文化遗产保护等各项工作。同时，应根据工作目标和绩效标准，对群众文化服务机构的任务完成情况、人员履职情况、资金使用情况、人才培养情况等进行绩效考评。

第六,维护群众文化的安全。公共文化服务体系建设大背景下的群众文化更应注意安全问题。这种安全性主要体现在:一是文化安全。即营造良好的文化发展环境,弘扬中华民族的传统文化,维护文化的多样性,保障国家的文化主权;二是活动安全。即树立群众文化活动的安全意识,建立健全大型群众文化活动的安全工作管理机制,提高群众文化活动的安全管理水平和突发事件的应急处置能力;三是设施安全。即保障各类群众文化设施的完好和使用,加强监督检查,不断完善安全管理预警机制、应急管理机制和信息报告机制。

群众文化领导部门承担着公共文化服务体系下群众文化安全的保障责任,其主要职责是:把握群众文化的发展方向,坚持用社会主义先进文化和核心价值观去引领风尚、教育人民、服务社会、推动发展,保障群众文化内容和传播方式的健康与安全;检查和完善群众文化活动的安全预案和应急救援预案,明确和落实安全管理责任,保障大型群众文化活动的安全;定期组织群众文化安全管理的培训和考核,提高群众文化设施安全技术手段的等级和防控能力。

(三)群众文化服务机构工作的主要内容

1.提供群众文化产品和服务。为群众提供群众文化产品和服务,是公共文化服务体系建设大背景下群众文化服务机构的基本任务,它要求所提供的群众文化产品和服务能够充分满足人民群众的基本文化需求。

所提供的群众文化产品的内容包括:组织群众文化产品的生产,开展各门类的群众文艺作品创作;编排丰富多彩的群众文艺节目,打造群众文艺精品;编辑出版图书、音像制品等各类出版物,传播优秀群众文艺作品。提供的群众文化产品要遵循社会主义核心价值理念的要求,坚持思想性、艺术性、观赏性的统一。

所提供的群众文化服务的内容包括：利用群众文化活动场所，免费开放群众文化设施并提供相关服务；指导民间文化艺术之乡和群众文艺团队建设，辅导和培训群众文艺骨干；加强群众文化数字资源建设，开展文化信息服务；组建和管理文化志愿者队伍，开展志愿文化服务；开展非物质文化遗产保护、宣传工作，组织开展传习传承活动；组织开展基层群众文化辅导，合理配送文化资源和文化服务；协助政府做好文化产品的购买工作，并将文化产品送到基层和农村。

2.组织群众文化活动。组织群众文化活动是群众文化工作的核心内容，也是群众文化服务机构所承担的最重要的任务。开展群众文化活动应从满足群众文化需求出发，注重丰富多彩和群众喜闻乐见，坚持"业余、自愿、小型、多样、节约"以及欢乐祥和、内容健康、安全有序的原则，并注意把群众文化活动的主阵地放到基层和农村。

其主要内容包括：举办舞蹈、音乐、戏曲、戏剧、曲艺等各种形式的群众文艺演出和宣传展示活动；举办美术、摄影、书法以及各种艺术样式的群众文化展览和艺术欣赏活动；举办各类群众文化知识的培训和讲座，开展社会教育，普及科学文化知识；开展非物质文化遗产项目的宣传展示活动，提高全民的保护意识；组织广场、公园等各类聚集性场地的活动，推动群众文艺团队的进步和发展。

3.指导和培养群众业余文艺团队和群众文化骨干。群众业余文艺团队、群众文化骨干是群众文化活动的参与主体，是群众文化服务机构实现群众文化服务的桥梁和纽带。指导和培养群众业余文艺团队和群众文化骨干的内容包括：与群众业余文艺团队和群众文化骨干建立广泛的联系；在活动内容、艺术水平、组织能力等方面提供专门指导；定期组织群众业余文艺团队和群众文化骨干的培训；针对遇到的困难和问题提供必要的服务和帮助；为群众业余文艺团队和群众文化骨干提供表演展示的平台和机会；对优秀群众文艺团队和群众文化骨干给予表彰、奖励等。

4.开展文化艺术辅导。开展文化艺术辅导是群众文化工作的基本内容。要使文化艺术发挥陶冶情操、引领风尚、普惠百姓的作用,需要通过文化艺术辅导,不断提高全民的文化素质。群众文化服务机构拥有文化艺术人才和文化艺术资源的双重优势,应充分利用这种优势,广泛开展文化艺术辅导。其主要内容包括:对基层群众文化活动的辅导;对群众文化各艺术门类相关知识和技能的辅导;对群众文艺创作和群众文艺欣赏的辅导;对数字化基本知识和应用技术的辅导等。

5.推动群众业余文艺创作和群众文化理论研究。群众业余文艺创作不仅能够满足群众自身的精神文化需求,也是繁荣文艺创作、培植文化精品的基础工作,对建设社会主义先进文化、构建社会主义核心价值体系具有积极的意义。

群众业余文艺创作管理的主要内容有:把握创作方向,创作符合健康向上要求的群众文艺作品;培养群众文艺创作骨干,建设群众文艺创作队伍;拓展创作面,丰富群众文艺创作的品种和体裁;开辟群众文艺创作园地,创办群众文艺报刊;组织创作采风活动,提高群众文艺创作水平;组织群众文艺创作评比和鉴赏活动等。

群众文化理论对群众文化工作具有引领和服务功能。处在文化大发展大繁荣的形势要求之下,加强群众文化理论研究,不仅可以为公共文化服务体系建设大背景下的群众文化工作提供科学的理论指导,而且有助于构建群众文化的理论体系,对群众文化学科体系的形成也具有重要意义。

群众文化理论研究管理的主要内容有:组建群众文化理论研究队伍,开展群众文化学科理论研究;撰写群众文化论文和编写群众文化理论著作,组织群众文化理论研讨活动;完成群众文化理论调研科目,承担群众文化理论课题研究任务;创办群众文化理论报刊,出版群众文化理论出版物;组织群众文化理论评奖,提高群众文化理论的研究能力和水平等。

6.收集和发布群众文化信息。信息技术的快速发展和广泛应用,使得信息化建设成为公共文化服务体系建设大背景下群众文化工作的重要手段,也使信息化服务水平成为衡量群众文化工作质量的重要标志。因此,收集和发布群众文化信息是群众文化服务不可或缺的重要职能。

群众文化服务机构承担的收集和发布群众文化信息的内容有:建立群众文化信息传输网络,搭建群众文化信息沟通交流平台;进行群众文化资源数字化处理,建立群众文化资源数据库;建设群众文化服务网站、官方博客(微博),及时发布和传播群众文化动态信息;拓宽群众文化服务范围,开设网上展览、网上辅导、网上授课等服务;扩大群众文化信息的传播渠道,实现群众文化服务的社会化。

二、群众文化工作的任务

中华人民共和国成立以后,对"群众文化工作任务"的权威表述主要体现在1981年8月下发的《中共中央关于关心人民群众文化生活的指示》的文件中。该文件明确将群众文化工作的任务定义为:"第一,通过各种文化活动,提高人民群众的精神境界和社会主义觉悟,培植共产主义的理想、信念、道德和情操,培养科学态度和实干作风,发扬积极进取和勇于改革的革命精神,鼓励人们热爱祖国,为建设社会主义献身奋斗,造就社会主义一代新人;第二,使人民群众在劳动、工作之余能够得到有益身心健康的文化娱乐,以利于消除疲劳,恢复体力,陶冶情操,焕发精神。文化娱乐活动的内容,要以利于人民身心健康为原则,寓教育于文化娱乐活动之中,既要注意防止迎合某种庸俗的低级趣味,以致在思想上腐蚀群众,也要注意克服强求一切文化娱乐活动都要直接配合或表现当前某一具体政治内容的偏向;第三,积极创造条件,使人民群众在业余时间有可能自愿地参加各种文化娱乐活动,从体力和智力两个方面发展自己的个性和创造才能,增进自己的知识、技能、智慧和健康。"

这段表述基本上将群众文化工作的任务概括为:通过多种形式的文化活动,造就社会主义一代新人;满足人民群众在劳动、工作之余的文化娱乐需求;积极创造条件,使人民群众在业余时间有可能自愿地参加各种文化娱乐活动。

如今,群众文化工作已经有了几十年的长足发展,并已成为公共文化服务体系的重要组成部分。在这一背景下,群众文化工作应当与公共文化服务体系建设的目标任务保持一致,为实现普遍均等的公共文化服务而努力。与其他公共文化服务方式不同,群众文化工作是以吸引群众参加文化艺术活动为组织方式,以群众自身为活动主体,以满足群众的基本文化需求为主要目标的公益性文化服务。

按照当前公共文化服务体系建设的要求,群众文化工作的任务可以确定为以下四个方面。

(一)满足人民群众文化需求任务

通过以开展群众文化活动为重点的群众文化服务,满足人民群众的基本文化需求,保障人民群众进行公共文化鉴赏、参加群众文化活动、提高文化艺术素质、参与群众文艺创作等基本文化权益。

这是在公共文化服务体系背景下对群众文化满足人民群众文化需求任务的明确表述,是群众文化工作的立足点和出发点。

1.进行公共文化鉴赏。进行公共文化鉴赏反映了人民群众的基本文化需求,是人民群众参与文化活动的主要形式。参加公共文化鉴赏活动具有陶冶情操、愉悦身心、舒缓精神、培养情趣等多重功效,对提高整个中华民族的思想文化素质和精神文明水平具有重要作用。

开展以群众文化服务为内容的公共文化鉴赏活动可以采用多种形式,如利用群众文化设施开设用于群众读书、看报、上网、欣赏音像制品等的专门厅室;采用政府购买、政府补贴、市场参与等方式为群众提供免费欣赏戏剧、舞蹈、音乐等专业文化艺术的机会;组织专业和业余文化艺术团队开展送高雅艺术进社区、进乡村的活动;组织绘画、摄影、书法等各种艺术样式的展览(包括网上展览)等。

2.参加群众文化活动。与公共文化鉴赏活动不同,参加群众文化活动体现了活动参与者在活动中自我表现的角色地位。因此,参加群众文化活动更能激发人们的自娱热情,使人们不仅可以从中得到自身的愉悦,展示自身的才华,也能满足自我表现的欲望。为群众文化服务,就是要更多地为群众创造和提供参加群众文化活动的机会和条件。例如,启发调动群众文艺积极分子的潜能,组织群众愿意参加的各类文艺团队;组织丰富多彩的公园、广场、节庆等群众文化活动,为群众的演出活动搭建平台;组织各类群众文艺比赛和会演,调动群众参加群众文艺表演的积极性等。

3.提高文化艺术素质。提高全民的文化艺术素质,通过文化艺术宣传的形式,对群众进行爱国主义、集体主义、社会主义的教育,弘扬社会主义核心价值理念,弘扬中华民族的传统文化与民族精神,提高全民的审美能力、鉴赏能力、艺术修养、生活情趣等多方面的综合素养。群众文化工作应担当起提高全民文化艺术素质的任务,积极开展各类普及性的文化艺术培训、各类文化艺术交流活动等。

4.参与群众文艺创作。人民群众既是文化艺术的享受者,也是文化艺术的创造者。群众为了表达内心情感、表现自我的审美追求、表现对事物的认识,需要以文化艺术创作的形式来表达个人的思想、意志、观念和愿望。从根本上说,参与群众文艺创作是人民群众应当享有的文化权利。因此,应当鼓励和支持人们参与群众文艺创作,营造群众参与文艺创作的良好氛围。

(二)促进人的全面发展任务

通过各种群众文化活动,培育社会主义核心价值体系,建设和谐文明的社会风尚,激发全民族的文化创造活力,促进人的全面发展,并以此推动社会主义文化的大发展大繁荣。群众文化工作承担着传播先进文化,进行社会教育的重要职能。这种宣传教育不是简单的说教,也不是枯燥的课堂教学,而是以群众喜闻乐见的形式和潜移默化的方式来实现的。也就是通过举办各种丰富多彩的群众文化活动,吸引群众的积极参与。其需要实现的目标包括三个方面。

1.培育社会主义核心价值体系。社会主义核心价值体系包括马克思主义的指导思想,中国特色社会主义的共同理想,以爱国主义为核心的民族精神和以改革创新为核心的时代精神,是社会主义先进文化的重要体现。群众文化工作承担着培育社会主义核心价值体系的任务,它以健康向上的群众文化产品、丰富多彩的群众文化活动,在潜移默化中培养群众对社会主义核心价值的认同。

2.引领和谐文明的社会风尚。引领和谐文明的社会风尚是建设中国特色社会主义的重要内容,对于维护社会稳定、促进社会进步、增强人民团结具有重要作用。群众文化工作应把引领和谐文明的社会风尚作为自己的工作职责,通过搭建群众文化活动的平台,开展丰富多彩的群众文化活动,编创弘扬正气的群众文艺作品,宣传社会主义精神文明,倡导爱祖国、爱人民、爱劳动、爱科学、爱社会主义的思想;宣传社会主义传统美德,倡导助人为乐、尊老爱幼、互助友爱、无私奉献的精神;宣传社会主义道德风尚,倡导文明礼貌、诚实守信、和谐友善、勤劳质朴的民风,以此促进和谐、文明的社会风尚的形成。

3.激发全民族的文化创造活力。"激发全民族的文化创造活力"是党对社会主义文化建设提出的要求。人民群众既是文化建设的创造主体,为文化发展创造物质基础,并直接参与文化创造工作,也是文化建设的利益主体,是文化产品的最终享有者和受益者。广泛开展群众文化活动,能够使群众在活动中激发文化创造的热情和潜能,获得文化创造的灵感,积极参加群众文化产品的创造,并且在创造中获得新鲜的文化享受。

(三)建设群众文化服务网络任务

与中国特色社会主义事业和全面建成小康社会的历史进程相适应,按照结构合理、发展均衡、网络健全、运行有效、惠及全民的原则,以政府为主导,以公益性群众文化事业单位为骨干,鼓励全社会积极参与,努力建设以群众文化产品生产供给、设施网络、资金人才技术保障、组织支撑和运行评估为基本框架的覆盖全社会的群众文化服务网络。建设群众文化服务网络的基本要求有以下几点。

1.坚持群众文化服务网络的建设原则。即建立党委领导、政府管理、群众文化事业单位依法运营的群众文化管理体制;建立以公益性基本文化服务为主,多方面、多层次、多样性文化服务为辅的群众文化提供机制;建立覆盖全面、责任分明的群众文化服务体系,逐步完善设施网络、组织体系、生产供给机制、资金人才技术保障机制、运行评估机制以及资源和服务成果共享机制等;建立免费开放群众文化设施、无偿提供群众文化服务的经费补偿机制,加大群众文化工作的投入力度,着力提高群众文化产品的供给能力;坚持城乡和区域群众文化服务协调发展,把群众文化服务的重心放在基层和农村,着力改善中西部地区群众文化服务的整体水平。

2.遵循群众文化服务网络的建设格局。群众文化服务网络的建设应遵循公共文化服务体系建设的总体要求,即建立以政府为主导,以群众文化服务机构为骨干,以社会力量为补充的群众文化服务网络。各级政府侧重做好群众文化基础设施建设,保障群众文化服务经费投入,促进群众文化服务基本供给方面的工作;公益性群众文化事业单位则应以群众文化设施场地和喜闻乐见的文化艺术形式,为群众提供健康向上的群众文化产品和无偿质优的群众文化服务;同时还应鼓励全社会积极参与群众文化服务,积极支持群众文化服务机构以外的其他有关文化单位、社会教育机构等,组织开展公益性文化活动,并把通过国家购买或以政府资金资助方式获得的群众文化产品无偿用于群众文化服务。

3.把握群众文化服务网络的基本框架。群众文化服务网络的基本框架是公共文化服务网络的主体支撑,应与公共文化服务网络的建设要求保持一致。

其基本框架内容包括:一是建立覆盖城乡的群众文化设施网络,并使之符合布局合理、功能齐全、使用高效的要求;二是建立群众文化产品的生产与供给体系和群众文化产品需求的信息交流平台,进一步拓宽群众文化产品的来源渠道;三是建立群众文化资金、人才、技术的保障体系,逐步建立起群众文化经费保障的长效机制,建立群众文化专业人员资格标准、准入制度及聘用制度,配备较为完善的艺术服务设备,逐步完善群众文化服务的设备配置标准;四是建立分工明确的群众文化组织支撑体系,逐步形成政府文化部门承担宏观管理,群众文化服务机构承担服务供给,社会力量承担资源补充的群众文化运行机制;五是建立群众文化服务的运行评估体系,形成政府、社会、服务群体共同参与的监督管理体系;六是建立资源成果的共享机制,在运行机制、机构改革、制度创新、服务方式研究、文化资源整合等多方面进行有益的探索,建设覆盖全社会的文化资源成果共享平台。

(四)弘扬中华民族的优秀传统文化任务

建设优秀传统文化的传承体系,弘扬中华民族的优秀传统文化,本着对民族、对历史、对后人负责的态度,积极做好群众文化所承担的民族民间文化的保护工作,不断推动有特色的优秀群众文化精品走向世界。这是时代赋予群众文化工作的新的任务。

优秀传统文化是中华民族的根基和血脉,是建设中华民族共有精神家园的重要支撑。弘扬优秀传统文化历来是群众文化工作的任务之一。1956年下发的《关于群众艺术馆的任务和工作的通知》中,明确将"发扬与继承民间艺术传统"作为群众艺术馆的工作任务;1992年发布的《群众艺术馆、文化馆管理办法》也将"搜集、整理、保护民族民间文化艺术遗产"作为一项重要的工作任务。2005年以后,群众文化机构更是在中国非物质文化遗产保护工作中发挥了骨干作用,挖掘整理了一大批具有重要历史、文化、科学价值的非物质文化遗产项目。

随着非物质文化遗产保护工作的深入,许多原来由群众文化部门所承担的非物质文化遗产保护工作,转由陆续建立的非物质文化遗产专门机构所承担,但群众文化工作不能由此放弃历来所承担的对民族民间文化的挖掘整理工作。应在积极做好弘扬和传承传统文化艺术的同时,创造出具有优秀历史文化传统的民族民间文化艺术精品,并不断扩大与世界各国民间文化组织的交流与合作,逐步使具有中华民族优秀传统和多样性文化特征的群众文化产品走出国门,走向世界。

在公共文化服务体系建设的大背景下,群众文化工作的任务有了新的定位和扩充。较之以往,群众文化工作的意义更加重大,任务也更加繁重和艰巨。

三、群众文化工作的基本原则

(一)群众文化工作要遵循公共文化服务的基本原则

1.以人为本的原则。该原则强调以满足人民群众基本文化需求、维护人民群众的基本文化权益为出发点和落脚点。

"以人为本"是群众文化工作的首要原则。坚持以人为本原则,就是要从保障人民群众基本文化权益的基点出发,把为人民群众服务放在群众文化工作的首位。"以人为本"原则要求群众文化工作必须要准确把握新的时代背景下人民群众对精神文化生活的新需求、新期待,切实维护公共文化生活的公平与正义,使文化发展的成果被全体人民所共享,从而真正实现面向全体人民的公共文化服务。

在群众文化工作中坚持以人为本原则体现为:坚持群众文化活动业余、自愿的原则,按照群众的意愿组织开展群众文化活动;以满足群众的文化需求为目标,不断提高群众文化产品和服务的供给能力和质量;坚持把群众的满意度作为评价群众文化工作的根本标准,不断提高群众文化工作的整体水平;发挥群众在群众文化活动中的积极性、主动性和创造性,创造群众参与文艺创作的良好环境;提供均等、便捷的群众文化服务,保障群众的合法权益。

2.公益性原则。该原则强调群众文化工作不以营利为目的,以追求社会效益为目标,由政府承担群众文化服务的经费。

公益性是公共文化服务的本质属性,公民依法享有一定的文化权利,即在公共文化生活中享有公共文化产品和服务的权利。群众文化作为政府公共文化服务的主体内容之一,其所提供的群众文化服务必须是公益性的。从这一原则出发,要求政府主办的文化事业机构必须承担起为群众提供免费的或优惠的群众文化服务的职责。群众文化服务机构的基本特征在于:群众文化服务以追求社会效益为目标,而不以营利为目的,群众文化服务的经费从政府财政经费中列支。这与从事经营性文化服务的文化企业有着本质的不同。

在群众文化工作中坚持公益性原则体现为:免费开放群众文化设施,实现群众文化场所的"零门槛"进入；无偿提供群众文化活动的场地和设备，开设群众可以参与的各类免费活动项目；协助政府部门选购群众所需的文化产品，完成政府交办的各类文化艺术演出任务；组织免费的基础性文化艺术培训，辅导群众业余文化艺术团队和群众文艺骨干等。

3.公平性(均等性)原则。该原则强调统筹群众文化事业的发展，保障公民平等地享有群众文化服务，实现群众文化服务的均等化。

公平性原则强调公民在获得群众文化资源、享受群众文化服务方面所应享有的平等权利，包括获取机会、服务内容、服务质量以及服务过程的平等性。群众文化工作的公平性，说到底就是群众文化服务的均等性。群众文化服务必须惠及全民，地域、年龄、性别、贫富以及文化水平高低都不能成为群众均等地获取群众文化资源、享受群众文化服务的障碍。公平性原则要求群众文化工作必须满足不同地域、不同人群的文化需求，将服务面惠及全体人民，使人人都能获得机会均等、质量稳定、公正公平的文化服务。

在群众文化工作中坚持公平性原则体现为：树立"人人享有文化权利"的理念，提高对群众文化服务普惠性、均等性的认识；按照人民群众不同的文化需求，合理配置群众文化资源和群众文化服务；关注文化基础薄弱、文化资源匮乏的地域和人群，保障基层、农村和特殊人群的基本文化权益。

4.基本性原则。该原则强调群众文化不可能满足公民所有的文化需求，只能提供进行公共文化鉴赏、参加群众文化活动等基本群众文化服务。

基本性原则强调群众文化产品和服务应属于基本性的范围，满足的是群众一般性的文化需求。换言之，群众文化服务所提供的不是群众精神文化生活需求的全部，其超出基本文化需求的部分，不属于无偿提供的范围。对于那些个性化、多元化的文化需求，需要通过市场购买的方式来实现。基本性原则对群众文化工作的要求，就是要积极提供属于群众基本文化需求范围的文化服务。

在群众文化工作中坚持基本性原则体现为：以基本性的群众文化服务为出发点和主体目标，充分保障群众的基本文化权益；提高基本性群众文化服务的质量,保证群众文化服务的满意度;拓宽基本性群众文化服务的范围,坚持以免费的方式加以提供;部分满足非基本性、个性化的群众文化需求,探索合理、优惠的有偿服务方式。

5.便利性原则。该原则强调在群众文化设施的建设、群众文化信息的获取、群众文化活动的开展、群众文化服务的提供上,要方便人民群众。

便利性原则强调群众文化所提供的服务应当是近距离的、经常性的和容易获取的。便利性的要求涉及四个方面:一是要求群众文化设施布局合理,使群众能够就近前往,省时省力;二是要求群众文化信息快捷畅通,使群众能够及时获取,便于查询;三是要求群众文化活动安排得当,使群众能够随心所愿,经常参与;四是要求群众文化服务程序简便,使群众能够顺利获取,任意选用。便利性原则是以人为本原则的具体体现,也是实现公益性原则、公平性原则的前提和条件。

在群众文化工作中坚持便利性原则体现为:新建群众文化设施应选在交通便利、人口集中的地域,便于群众聚集活动且易于疏散;建设以服务半径为标准的群众文化服务圈,合理延长群众文化设施的开放时间,确保群众文化服务的总量充足;开展送文化下农村、下社区、下基层服务,提供灵活多样、便捷到位的服务;充分利用现代化的信息技术手段,运用网络、影像、数字化技术为群众服务;加强群众文化资源的采集整理,提高远程供给能力和利用水平;关注特殊人群的群众文化服务,为残疾人和老幼群体设置便捷、无障碍的服务通道。

(二)群众文化工作要遵循群众文化的规律

1.群众文化需求与实现需求存在矛盾的规律。群众文化的多样性是其显著特征,反映了人们对群众文化需求的多样性要求。群众文化的多样性主要表现为群众文化服务内容的丰富性和群众文化服务方式的多样性。

群众文化服务内容的丰富性体现在:群众文化活动样式的多样性,如文学、音乐、舞蹈、戏剧、美术等;群众文化活动类型的多样性,如创作、表演、展览、培训、观赏等;群众文化形态的多样性,如城市群众文化、农村群众文化、企业群众文化、校园群众文化、家庭群众文化等；群众文化特色的多样性，即由于不同民族、不同区域、不同行业、不同年龄等因素形成的不同特色的群众文化。群众文化服务内容的多样性，为满足群众多样性的文化需求创造了条件。

群众文化服务方式的多样性体现在：群众文化供给方式的多样性，如政府购买、群众文化机构提供、志愿服务、民间组织自给等；群众文化服务手段的多样性，如阵地服务、广场及公园活动、送文化下基层、特殊群体服务等；数字和网络技术手段的多样性，如数字广播电视信息平台、数字电影放映网络系统、网上展览、网上剧场和群众文化活动远程指导等。

正是由于群众文化的这种多样性的特点，使得人们对群众文化的需求处于动态变化中且不断提高。随着对文化地位认识的提高和现代科学技术的发展，群众文化在满足群众需求方面虽然有了长足的进步，但是在人民群众日益增长并更加丰富多样的文化需求面前，要想实现和满足群众多样性文化需求以及适应这种需求的动态变化，仍然有较长的路要走。这使得群众文化需求与实现需求之间的矛盾，成为群众文化发展过程的基本规律。群众文化事业正是在不断地实现和满足人民群众多样性和动态变化的文化需求过程中逐步发展的。因此，群众文化工作只有不断地丰富群众文化服务的内容，改进群众文化服务的方式，才能真正缓解群众文化需求与实现需求之间的矛盾。

2.群众文化与客观环境相互制约的规律。群众文化与其赖以生存的客观环境有着密切的联系。群众文化的客观环境包括自然环境、社会经济环境、文化环境、科学技术环境、政策环境、安全环境等多种因素，这些因素在很大程度上可以影响和制约群众文化的发展。

第一，自然环境是群众文化形式和内容存在的基础，决定着人的生产方式和生活方式，也影响着人们对群众文化形式和内容的选择。

第二，社会经济发展环境为群众文化提供需求动力和物质条件，决定着群众文化的发展水平、运行模式和社会地位，也影响着人民群众对群众文化的需求程度,以及满足群众文化需求所要具备的物质条件。

第三,文化环境是群众文化生态的根基,影响着群众文化的发展方向和价值取向。

第四,科学技术环境可以为群众文化提供新的技术支撑和物质保障,可以带动群众文化服务内容和服务方式的丰富和更新,提高人们参加群众文化活动的热情,促进人们文化消费的积极性。

第五,政策环境能为群众文化的健康发展提供生存空间,引导群众文化遵循正确的方针和政策,保障群众获得基本的群众文化服务,保障群众文化获得所需的资金、设备和人才支持。

第六,安全环境则可以为群众文化提供良好的活动空间,使群众能在和谐、欢乐的氛围中享受群众文化带来的快感,保障人民群众生命财产的安全,保证国家文化信息和文化主权的安全。

同时,群众文化的发展也对客观环境具有反作用,健康发展的群众文化可以促进客观环境更加优化,反之则会导致客观环境逐渐恶化。因此,群众文化与客观环境是相互影响、相互制约的关系,群众文化工作应当遵循两者之间的客观规律。任何不尊重甚至违反这一规律的行为,都会对群众文化产生不良影响。

3.群众文化活动在群众文化诸要素中居于核心地位的规律。群众文化学认为:群众文化是一种复杂的社会现象,它由群众文化活动、群众文化事业、群众文化工作、群众文化群体、群众文化理论等要素构成一个完整的体系。在这一体系中,群众文化活动始终居于核心地位,群众文化活动的存在和发展决定着其他群众文化要素的存在和发展。

群众文化工作之所以要以群众文化活动为重点,主要原因在于以下几点。

第一,群众文化活动是群众文化最基本的表现形式。群众文化的起源来自群众文化活动,反过来说,群众文化活动则是人类最原始的文化形态。人们基于对群众文化活动形态的认识,衍生了群众文化;也是基于对群众文活动形态的认识,并逐步开始对其进行组织和管理,才衍生了群众文化工作。因此,群众文化工作源于群众文化活动,做好群众文化工作离不开对群众文化活动规律的认识和研究。

第二,参加群众文化活动能够满足人民群众的基本文化需求。人民群众的基本文化需求主要在于获得求知、求乐、求健、求美、求自我表现的心理满足,并从中获得身心的轻松和精神的愉悦,这也是人们参加群众文化活动最主要的动机和目的。从另一个侧面来讲,正是由于群众文化活动具有内容丰富、形式多样的特点,才使其能够发挥多重效应,能与人们的心理愿望相契合。

第三,群众文化活动是喜闻乐见的娱乐方式。群众文化活动可以满足人们娱乐休闲、情感宣泄和审美实现等多样化的、个性化的要求,是其喜闻乐见的原因所在。特别是时代的发展,各种高科技手段的广泛应用,使群众文化活动固有的魅力愈发彰显,对人们的吸引力也明显增强。可以说,以群众文化活动为重点是群众文化的客观反映,因此应围绕组织群众文化活动来开展群众文化工作,并以此促进人民群众文化生活的繁荣。

4.寓教于乐的规律。"寓教于乐"反映了文化艺术的本质特征,是文化艺术所蕴含的思想、观点、伦理、理念对人们的一种潜移默化的陶冶和教化。"教"是目的,"乐"是手段,"教"是通过"乐"的方式来实现的。

"寓教于乐"显示了文化艺术自身所具有的特殊影响力,也显示了文化艺术的独特魅力。从群众文化的角度来讲,娱乐是群众参与群众文化活动的最直接的目的。组织开展健康向上的群众文化活动能够给人以积极的影响,展示群众文化的教化功能,使人在群众文化活动中受到教育和启迪。

群众文化承担着传播社会主义精神文明、弘扬社会主义先进文化的任务,群众文化应当充分利用文化娱乐的特有方式实现教育群众的目的。在公共文化服务体系建设的背景下,群众文化工作要把社会主义核心价值体系的教育寓于群众文化活动之中,发挥其引领社会思潮和和谐文明风尚的作用。

第二节 新时代群众文化工作的新要求

新时代群众文化工作相较以往更具挑战性,需群众文化工作者不断创新,努力前行。

一、建立和谐群众文化的新人文理念

所谓人文理念,是指人类社会的文化现象呈现诸如意识活动、价值观念、人格情操、道德水准、文艺内涵等。

所谓和谐群众文化,应该是在社会主义条件下,以社会主义核心价值为主要价值取向,以最广大人民群众为服务对象,实现主旋律文化与多样性文化的有机统一。①其特征除了基础性、广泛性外,最突出的特征应该是和谐性。它的内容要体现和谐的主题和题材,反映社会主义核心价值观念;它的形成因为要满足不同地区不同层面群众的需要,而具有多种多样的文艺形式、文艺门类和文艺风格。其功能除了娱乐、教化和审美外,最重要的功能应该是促进和谐。它和谐的主题和题材教育人们追求和谐、向往和谐、建设和谐,构筑社会主义核心价值体系;而多种多样的文艺形式、文艺门类和文艺风格,则满足着不同地区不同层面群众的娱乐和艺术审美情趣的需要。显然,建设和谐的群众文化,能够以艺术的美感染人、熏陶人,对于构建和谐社会具有特殊重要的作用。

从群众文化的特征来看,参与者是全民性的,文化内容和价值取向通过通俗的丰富的活动形式,在社会各个阶层进行传播。因此,在新文化发展观指导下的和谐群众文化的人文理念首先要考虑群众文化真正的普遍参与性,群众文化若没有群众普遍参与,也就背离了群众文化的主题和宗旨,群众文化的根本目的就是满足广大人民群众自身的精神生活需要。当然,一个地区

---

① 袁浩.以现代公共文化服务体系为载体,弘扬社会主义核心价值观[J].陕西教育:高教版,2015(2):2.

人的生活方式以及生活理念对群众文化的发展起到了不可估量的推动作用。当人们的生活方式以及生活理念逐步走向以追求精神需要为目标时,这时的群众文化开展起来才会更有效更有说服力。而要想真正改变人的生活方式以及生活理念,更多的还是需要各种有影响力的活动来推动,比如,北京奥运会这种大型的活动,所倡导的人文理念对和谐群众文化的建设的影响无疑是巨大的。

二、确立群众文化既是事业又是产业的新观念

长期以来,我们的一些基层群众文化工作者一直被束缚在计划经济的模式和单一的公益性意识中,事业与产业的性质问题一直是困扰群众文化工作发展的难题。按照党的十七大的具体精神,大力发展文化产业是适应新形势下我国市场经济的必然要求,是全球经济文化一体化的大势所趋。因此,在当前国内国际形势下,群众文化走向市场是一种趋势,也是一种必然,没有文化的市场化,就没有文化的大繁荣、大发展。群众文化在这样的背景下需要从事业向产业逐步过渡。我们走"以文养文"的新路子,确立事业产业一体化同步抓的新观念,不要人为地去划分事业、产业的界限,要本着"实事求是,一切从实际出发"的原则,分析事业与产业的内在关系,摆正位置,获得双赢。通过做好资产评估、人员处置、股权设置等具体工作,积极争取社会力量参与和吸引民间资本进入,重点推动优势行业促进群众文化中介组织的发展,探索新的群众文化产业发展道路,形成文化事业和文化产业双轮驱动齐头并进的局面。

三、打造文化馆站为群众文化服务的新机制

一直以来,文化馆是政府有关部门的附属物。虽然没有多大的自主权,但也没有多大的生存压力,只要真心诚意跟着有关部门转,国家政府的财政拨款就一分都不会少,所有员工的工作和生活就一点都不用愁。所谓的群众文化工作,虽然很重要,也一直被主流社会所看重,但在国家事业单位体系中,并不像医疗机构那样,要承担救死扶伤,保障公共健康的职责;也不像正

规的学校那样,要承担国民教育,提高国民素质的重任,而只不过是组织开展一些文化艺术活动,丰富活跃当地群众业余文化生活而已。文化生活固然十分重要,但在公众社会生活中,并不像劳动就业那样,是安身立命的前提;也不像衣食住行那样,是生命不可或缺的第一需要,而毕竟是"锦上添花"的事业。在文化社会化、市场化、多样化的今天,文化馆固然能够为群众提供一定的文化服务,但对海量的群众日常文化需要来说,这些文化服务不过是杯水车薪。平心而论,就目前状况来看,文化馆的存在,对于社会公众来说,有当然好,但没有也不至于产生什么严重后果。因此只要政府能够支持,文化馆怎么样,人民群众是不大去关注和理会的。同时,文化馆作为政府设立的群众文化事业机构,在当地是唯一的,既没有同类单位的业绩比较,又没有相关组织的优胜劣汰,只要当地政府不予撤销,就没有什么生存的危机和发展的压力。另外,文化馆是以创造性的个体劳动为基本特征的松散型机体,日常工作弹性较大,既没有严格的坐班计时制,又没有科学的量化计件制;既没有鲜明独特的常规业态,又没有规范有效的治理手段,更没有科学合理的考评体系。一年到头,除了协助当地党委和政府举办一些指令性的节庆活动以外,就基本没有其他刚性铁定的工作任务了。这就为员工个人的自由活动和自我发挥,提供了很大的空间,创造了良好的机会,而为群众文化服务的职能却没有充分地体现出来。原因主要是体制陈旧、机制落后。为此,我们要明确文化馆站的职能定位、理顺管理体制,创新用人机制、激发队伍活力,拓宽投入渠道、实现社会共建,形成文化馆站充满活力的运行机制,切实发挥为群众文化服务的职能。

另外,文化馆站作为群众文化事业单位,所有员工都应该是群众文化工作者,而不是专业的文艺作品创作人员;文化馆的核心业务和工作重心,应该是群众文化的组织、辅导工作,而不是个人文艺作品的创作。然而,由于行为导向偏差,现在文化馆的本职业务工作,特别是组织辅导工作,并没有多少人真正关心,也没有多少人愿意去做,而员工个人文艺作品的创作,却被推到了至高无上的地位。因此,随着改革深化和文化产业成分的介入,我们的基层群众文化馆站要以组织活动为龙头,以此来带动各类创作、团队建设、培训辅导,因为活动是一个动态的,而且是综合性很强的文化形式,通过活动可以刺激创作,为创作提供舞台,提供实践。另一方面活动能为业余团队带来收入,解决团队经费问题,提高团队水平,激活团队的生命,使其保持活力,同时活动能带动培训辅导。

文化馆站要立足自身专业属性,不要只是被动地成为大型活动的陪衬。须推出自身节庆活动品牌,以艺术文化的普及为重点,举办覆盖各个艺术门类的文化艺术节,在内容和形式以及运作方式上做大做强,兼顾演出、展览、创作、论坛等,并建立社会化运作的新模式。推出公益服务品牌,文化馆站对街道、社区文化进行业务辅导,并抓好场馆活动,提高场馆设施使用率,抓好文化工作的常态,采取以人为本的方法,最大限度地满足群众的文化需求。

四、推行群众文化发展的新策略

在新文化发展观指导下,我们只有开动脑筋,以创新的精神改变传统群众文化活动僵硬死板的模式,我们的群众文化事业才能为广大群众所接受和喜爱。策略很多,以下几方面尤显重要。

(一)拓展群众文化的发展空间

群众文化不能拘泥于任何一个环境和方式,而应该通过多种形式,利用多种空间。如目前流行的企业文化、校园文化、街头文化、商业文化、老年文化、青少年文化等,都是新时期群众文化的发展空间,如果这些空间利用好了,那么群众文化工作就能成为社会主义精神文明建设的有效载体。比如,校园文化,它是以满足学生精神生活需要为目的,以文化艺术活动为主要内容的一种社会性文化。随着学子们从校园走向社会,校园文化的发展能有效地促进社会文明和家庭文化乃至整个社会文化的良性循环,因此,校园文化是提高学生素质乃至整个社会群体的素质的摇篮。

(二)发展通俗文化事业

通俗易懂的文艺作品,比较接近平常人的心态,更能亲切、生动地反映普通人的思维和情感,直视平凡的人生。因此,不仅在中国,就是在国际市场上,人民大众也比较喜欢现代的、通俗的、潮流的文化艺术。而在我国发展群众文化的过程中,通俗文化却受到了抑制,不被重视。为此,我们要彻底改革群众文化工作的旧模式、旧体制。比如,长期以来,在提到城市群众文化工作时,人们往往能想到各类文艺比赛,省级城市搞省级大赛,市级城市搞全市大赛,县级城市搞县级大赛,而在群众眼中,这些大赛是最缺乏观赏性和可看性的,因为这些大赛很难在外在环境上为观众提供集中于艺术作品和艺术欣赏的特殊氛围,所有的大赛程序都是雷同的,而且在演出过程中,组织者要开题演讲,评委要频频亮分,工作人员在场内来来往往,最后还有领导的颁奖环节,等等。这些很难激发观众再次欣赏这类艺术活动的欲望和情绪,像这种严重缺乏欣赏性的各类文化大赛应当得到彻底的改革。

(三)完善城市广场文化

广场文化是显示城市文化环境和综合文化实力的重要标志。在计划经济时代,广场文化一度非常繁荣,当时,广场成了城市居民主要的精神活动场所,为活跃当时的精神生活创造了条件。改革开放以来,广场文化虽没有以前那种特殊的地位,但仍是人们精神生活的重要表现形式。广场文化主要有四种形式,即街头文化、健身休闲文化、大型娱乐演出活动和广场美化。完善广场文化,必须注意以下两个要素。首先,广场文化要避免政治、经济色彩过浓,避免过于功利性。广场文化应该有利于减轻人们日常劳作的疲劳和压力,使人们精神愉悦。其次,要具有导向性和激励性,广场文化应当以社会主义精神文明为宗旨,铲除那些低级趣味和于我国精神文明建设相背离的腐朽的和落后的精神垃圾,弘扬时代的主旋律。

第三节 现代公共文化服务体系建设

推动中国文化的大繁荣,必须要深化文化体制改革,探索适应社会主义市场经济需要、保障社会公平正义的公共文化服务方式。政府要重视文化产品的生产,对公共文化服务项目和公益性文化活动进行指导,提高公共文化为人民大众服务的水平,最终构建公共文化服务体系。

一、推进文化体制改革

(一)转变政府职能

政府要转变职能,积极推进文化体制改革,实行政企分离,加强公共文化服务体系建设,切实履行公共文化服务职责,强化服务功能,加强对重大公共文化服务工程的投入,根据公共文化服务的特点,公共文化服务单位要增强维护人民群众公共文化服务权益的自觉性。

(二)积极推进公益性文化单位体制改革

政府要积极推进公益性文化单位体制改革,按照增加投入转换机制、增强活力、改善服务的要求,深化公益性文化事业人事制度改革,全面实行聘用制度和岗位管理制度,建立竞争和激励机制,努力提高公共文化服务水平。政府要制定文化单位改革配套政策,健全文化单位社会保障制度,加大公益性文化事业单位的投入,搞好公益性文化单位管理制度的改革,增强公共文化服务的活力,努力提高公共文化服务产品质量和公共文化服务质量。

(三)加快公共文化设施建设

政府要以大型公共文化设施为骨干,以社区和乡镇文化设施为基础,加快关系人民群众切身利益的文化设施建设,提升公共文化服务水准。加强重点文化设施建设,优化基层公共文化资源配置。要把社区文化中心建设纳入规划,扩展服务功能。积极实施文化建设工程,积极采用现代科技手段,组织实施网络文化建设工程,不断创新网络文化建设的新模式,提升公共文化服务的职能。坚持以社会主义核心价值观引领网络文化建设,创作高质量的网络文化产品,推动文化资源向信息化、网络化和数字化方向发展,建设公共文化服务平台和文化信息资源共享平台。

二、提高公共文化服务水平

(一)提高公共文化服务技术水平

繁荣社会文化必须要加快现代科技应用的步伐,以现代科技手段来传播健康向上的公共文化,不断提高公共文化服务的水平,向人民群众提供更多的、具有自主知识产权的文化产品,为人民群众搭建公共文化服务新平台,拓宽人民群众的精神文化生活空间,在人民群众中广泛传播社会主义先进文化。

(二)创新文化服务平台

加快社会文化建设步伐,政府要积极开展公益惠民网络文化服务和流动文化服务活动。要采用多种措施,加快推进文化信息资源共享工程建设步伐。政府公益性文化单位要及时发布公共文化信息,为人民群众参与公共文化活动创造条件,积极推进公共文化设施服务公示制度,营造良好的公共文化服务环境。

(三)完善公共文化服务机制

政府要加强公益性文化组织建设,不断完善公共文化服务质量评价体系。为此,公共文化服务机构要向社会公开服务内容、服务标准和服务程序,认真做好公共文化场所引导工作,进一步拓宽公共文化服务领域,增强公共文化服务能力,提高公共文化服务水平,完善公共文化服务机制,努力营造公共文化服务的良好环境,为人民群众提供优质的公共文化服务。政府投资的设施项目要坚持公益性,并在公共文化服务中发挥示范作用。

(四)创新公共文化服务方式

政府要推动公共文化服务向社区和农村延伸,积极引导民间团体和社会力量兴办公共文化服务实体,以合作参股、资金赞助和免费提供公共文化设施等多种形式参与公共文化服务。此外,政府还要支持民办公益性文化机构的发展,以促进公共文化服务机构的社会化和多元化。要积极培育发展非营利性公共文化服务组织,完善公共文化服务管理制度,简化公共文化服务组织审批登记程序,让他们主动参与公共文化服务建设。

(五)重视公共文化服务工程建设

政府要完善公共文化服务工程建设的相关政策,改进公共文化服务的投入方式,建立有关公共文化服务设施发展的专项资金,加大对公益性文化事业的扶持力度,重视公共文化服务设施建设,为人民群众提供良好的公共文化服务。此外,还要鼓励民间资本投资兴办公共文化产业,积极生产公共文化产品,便于公共文化服务活动的开展。在公共文化服务投入方面,要形成以政府投入为主、社会团体投入为辅,并积极参与公共文化服务的投入体制和机制。

(六)建设高素质的公共文化服务队伍

随着社会经济的快速发展,人民群众对日益增长的文化需求越来越强烈,为此,政府有关部门要大力加强文化人才队伍的建设,提高公共文化服务队伍的素质。建设高素质的文化人才队伍必须改变以往人才培养的模式,政府要制定培养文化人才的政策,不断深化和改革文化人才队伍体制,完善相关的人才培养激励措施,要做到尊重人才,努力培养文化服务队伍骨干。在公共文化服务体系建设中,要充分发挥文化人才队伍的作用,积极开展多种形式的公共文化服务活动,整合文化人才资源,营造积极向上的文化氛围,形成创新人才激励机制。建立培养文化服务队伍的激励评价制度,提高公共文化服务队伍的思想素质,积极培养创新型文化人才,牢固树立"人才是第一资源"的理念,注重发挥基层文化骨干作用。采取有效手段,吸引优秀人才进入公共文化服务领域,特别要制定优惠政策吸引高校毕业生到基层从事公共文化服务工作,以适应新形势下公共文化服务的需要。

三、发展公共文化产品和开展公共文化活动

(一)大力发展公共文化产品

公益性文化单位要充分发挥在公共文化服务中的主体作用,不断增强生产公共文化产品的能力,增加公共文化产品总量,提高公共文化产品质量,向人民群众提供优质的公共文化产品。在大力发展公共文化产品时,公益性文化单位要开发内容丰富、形式新颖的文化产品。鼓励国有文化单位无偿提供国家投资的文化产品用于公共文化服务,对具有重要艺术价值的原创产品以及民间艺术要给予重点扶持。不仅要扶持发展文化产业,还要引导文化企业多生产价廉物美、安全实用的文化产品。与此同时,要不断增加文化资源总量。政府投资的文化产品要用于公共文化服务,积极倡导文化创新精神,树立文化精品意识,实施文化精品工程,以推动文化大繁荣。此外,政府要组织文化专业人士到基层开展调查研究,树立以文化服务为中心的理念,推出一批体现社会主义先进文化建设成就的文化精品。文化企业要支持重点文化产业,为公共文化服务提供优质的公共文化产品支持。

(二)开展公益性大众文化活动

政府要积极开展内容丰富、形式多样的公共文化服务活动,重视公共文化服务建设,不断满足人民群众的公共文化需求,积极开展公益性大众文化活动。一方面,向贫困地区农民提供免费的公共文化服务,广泛开展公共文化志愿者活动,建立公益性大众化文化活动服务长效机制;另一方面,要增加文化服务内容,鼓励热心公益事业的各界人士为社区和乡村提供公共文化服务。着力完善公共文化服务体系,打造"全国性的公共文化建设示范区",建设城市"十分钟文化圈"。加强基层文化设施规划建设,推动公共文化服务均衡发展。积极采取措施调动社会力量参与公益性文化建设,形成公共文化服务多元供给机制。

(三)加大公共文化市场供给

政府要建立区域公共文化产业体系,整合公共文化服务资源,重点发展公共文化产业,为公共文化服务体系建设提供支撑。此外,要充分发挥公共文化服务的市场调节作用,采取合作经营等多种经营方式,增强公共文化服务功能,扩大人民群众对公共文化产品的选择空间,促使公共文化资源向公共文化服务领域流动。为确保文化产业的市场供给,政府要扶持发展有特色的中小文化企业,开发服务基层群众的文化产品和独特文化资源,凸显自办文化特点,活跃文化产品市场。

加快公共文化服务体系建设是加快中国特色社会主义现代化建设的必然要求,是实现中国政治、经济、文化和社会协调发展的重要举措。我们要充分认识发展公共文化服务的重要性和紧迫性,进一步解放文化生产力,不断提高社会主义先进文化的影响力,为推动社会主义文化大发展大繁荣提供强大的精神动力。

第五章 新媒体背景下群众文化工作建设

第一节 新媒体时代的发展

在媒体发展的历史中,每一次媒体技术的变革,都会带来所谓的新媒体,特别是在知识爆炸、技术迅速更新的今天,各类新媒体层出不穷,新媒体的外延更是不断地拓展。在信息时代,不仅新的技术变革和物质形态的变化可以产生新媒体,新的软件开发、新的信息服务方式的推出,也可以称为一种新媒体的诞生。可以肯定,今天的新媒体在未来同样会被归到旧媒体的范畴。

一、新媒体时代的相关概念

(一)新媒体的定义

新媒体相对于传统媒体,是一个不断变化的概念,是在网络基础上进行的延伸。新媒体是媒介终端或功能创新的媒体。[①]新媒体是新兴媒体,目前是"交互式数字化融合媒体",向用户提供信息和娱乐等服务。信息技术是新媒体必要的技术保障,用户多元化、个性化的信息需求是新媒体产生的社会基础;新媒体变革着人们的生活方式,用户从以往的被动接受媒体信息到当下可自主传播信息。社会化媒体用户不仅是新闻的消费者,也是新闻内容的生产者、推广者,用户新闻信息传播系统发生"传—受""受—传"的互动变迁,传统媒体必须动态把握用户。社会化媒体中的口碑量应作为传统媒体测评受众的补充。

---

①梁伟. 论新媒体时代标志设计发展趋势[J]. 美术界,2012(3):2.

本书所界定的新媒体是相对于书信、报刊、广播、电视等传统媒体而言的新媒体。新媒体是一个宽泛的概念,从技术界定上看,新媒体是指依托数字技术、互联网技术、移动通信技术等新技术通过互联网、无线通信网、卫星等渠道向受众提供信息服务和娱乐服务的媒体。根据这个定义,新媒体的种类非常繁杂,目前受到较多关注的新媒体不下几十种,包括网络电视(Web TV)、网上即时通信群组、虚拟社区、播客、搜索引擎、电子邮箱、门户网站、手机电视、手机报、微博、微信等。其中有的属于新的媒体形式,有的属于新的媒体硬件、新的媒体软件、新的信息服务方式。

(二)相对于传统媒体要素

不管人们如何定义新媒体,有一点是确定的,那就是相对传统媒体,新媒体的形态是不断变化和延伸的,在现阶段其核心是数字式信息符号传播技术的实现。一般而言,新媒体的概念包含以下要素。

1.新媒体建立在数字技术和网络技术的基础上。新媒体主要是以计算机信息处理技术为基础,以互联网、卫星网络、移动通信等作为运作平台的媒体形态,它包括有线和无线的传送方式,如互联网、手机媒体、移动电视、电子报纸等。如果说传统媒体是工业社会的产物,那么新媒体就是信息社会的产物。

2.新媒体在信息的呈现方式上是多媒体。新媒体的信息往往以声音、文字、图形、影像等复合形式呈现,具有很高的科技含量,可以进行跨媒体、跨时空的信息传播。

3.新媒体在技术、运营、产品、服务等的商业模式上具有创新性。新媒体不仅是技术平台,也是媒体机构。与传统媒体相比,变化的不仅仅是新媒体技术的运用,更有商业模式的创新。

二、新媒体时代发展的特点

近些年影响新媒体前景的两大主流媒体分别是网络媒体和移动媒体。移动传播媒介迅猛发展,已经成为人类生活必要的组成部分,其对人类生活方式的深远影响,恐怕是历史上任何一种传播媒介都无法比拟的。移动传播媒介凭借其独有的特点,已经成为有史以来增长速度快、普及程度高的新型传播手段,被誉为"第五媒体"。

新媒体是信息科技与媒体产品紧密结合的产物,新媒体带来的媒体创意新经济,使得原来传统媒体从规模经济转向了范围经济、共享经济等模式,各类高新技术手段不断创新着人类的支付方式,不同媒体通过尝试个性化的服务,皆试图把握一条独特的可持续发展之路。目前比较热门的新媒体,如智能手机,内载各类新媒体软件产品,还包含新的媒体经营模式。

(一)网络媒体的新媒体特性

1.传播上的快捷性和时间上的自由性。网络媒体可在瞬间将信息发送给用户。在传播时间上的自由性主要体现在传播本身的可往复性,易于检索和随时获取信息。它实现了信息的"零时间"传播,消除了交流双方之间在时间上的间隔,使信息的交互传播突破了时间限制。新媒体迎合了人们碎片休闲娱乐时间的需求,满足了人们随时随地进行互动性表达和娱乐的需要,人们使用新媒体的目的性与选择的主动性更强。因此,数字化新媒体一出现就吸引了各个年龄段、不同阶层群众的注意力,在很大程度上挤占了人们休闲娱乐活动的时间。新媒体无形中改变了人们与生活对话的方式。

2.传播的全球性和空间上的无限性。网络可以连通世界上任何一个国家和地区,并且还拥有数量庞大的动态网络用户,新媒体利用连接全球电脑的互联网和通信卫星,使网络上的任何信息资源都可以被全世界的网民看到,使信息传播者可以针对不同的受众提供个性化的服务。从这个意义上来讲,网络是唯一的全球性信息传播媒体。可以说,全球互通的网络有多大,网络传播的空间就有多大,完全打破了地理区域的限制。只要有相应的信息接收设备,在地球的任何角落都可以接收到新媒体传播的信息。此外,无线网络的发展,还使新媒体摆脱了有线网络的限制,用户可以随时随地接收信息。

3.传播的交互性和方式的多样性。在传统的传播理念中,其传播方式是单向的,双方无法随时随地进行反馈和沟通。而新媒体网络则突破了这一传统传播模式的限制,增强了传播者与接收者之间的互动性。传播者与接收者可以连接网上任一用户,实现网络信息资源共享,受众不再仅仅是信息的接受者,同时也是信息的传播者。交互性使传播者和接受者极易进行角色转换,这种双重身份的角色使受众可以畅所欲言,利用网络工具进行及时反馈和有效沟通交流,实现互动,真正实现了信息的双向交流。

(二)移动媒体的新媒体特性

移动媒体通常是指无线传播的短消息、多媒体短消息、WAP网页和手机电视等媒体形式。移动媒体与传统媒体、网络媒体相比,具有独特的性质,主要表现在以下几个方面。

1.表现形式的丰富性。移动媒体的表现形式兼具了传统媒体与网络媒体的优势,通过文字、图像、影音、动画等多种表现形式向用户传递信息。其传递的信息声情并茂,使得信息更加丰富和饱满,同时也增强了用户的多媒体体验。

2.使用的便携性和成本的低廉性。用户可以根据自己的需求,随时对信息进行检索和筛选,并可随时选择和退订所需要的信息,使用便捷,可提高效率节约时间。

3.复合性与个性化服务。互联网传递实现了信息传播的图、文、声一体化,它将文字、图像、声音、视频、音频等完全融合。其复合性也充分体现了传播形态的多样性特点。它将报纸、电视、广播的传播手段与传播方式融为一体,其形式的多样化是前所未有的。它将各种接收终端、各种传输渠道、各种信息形态整合在一起。用户可以随时针对信息的内容与信息的传播者或者其他的信息受众进行信息探讨和交流,并可通过意见反馈等形式修正、补充和完善信息资源以满足用户的个性化需求。它将目标受众按年龄、性别、社会地位、文化程度、兴趣爱好、专业程度等标准划分为一个个群体,从而有针对性地为这些不同的群体提供不同的个性化信息服务。

第二节 新媒体时代的群众文化工作

随着生活水平的提高,人们对于精神文化生活提出了更高的要求,加强群众文化建设成为新时期社会主义精神文明建设的重要任务。党的十九大报告明确提出,"文化是一个国家、一个民族的灵魂。文化兴国运兴,文化强民族强"。

近年来,信息技术发展十分迅速,以网络技术和数字技术为基础的新媒体被广泛应用到人们的生活和工作中,新媒体凭借良好的互动性、高效的信息传播等优势,受到广大群众的关注和追捧。在这种形势下,人民群众逐渐忽视了传统的群众文化活动的重要作用,新媒体时代如何实现群众文化活动的有效组织和开展成为群众文化工作者面临的重要课题。

一、新媒体对群众文化工作产生的作用

新媒体作为信息传播手段,在很大程度上能够解决政府群众文化工作面临的困境,扩大受众面,通过加强社会影响力来加强传播效果。

(一)打造正规传播渠道,扩大受众范围

群众文化服务机构可利用新媒体拓展群众文化传播范围:建立群众文化信息传输网络,开设网上展览、网上辅导、网上授课等服务。同时,因为新媒体公众认证机制,并有政府公信力背书,可以确保信息的输出渠道的正规性。以科协的科普工作为例,科技馆作为科普宣传实体,可以利用场馆开设展览、开展讲座等活动,但是正因为场馆空间的固定性,使得科学传播仅限于小范围,如果想要扩大受众人数,就只能在时间上无限延长并不断重复展览与讲座内容,这将耗费巨大的人力、物力。倘若建设一个网上平台,将每期展览、讲座的内容数字化存放,开设虚拟展览馆、虚拟讲台,并打通各类网络终端,既可以保证展览内容线下线上的一致性,实体展览按时布展、撤展,同时也可以保证无法在限定时间内参加活动的群众,能够在第一时间查看科普内容,

甚至在活动结束后仍能根据需要追溯回看。这样,科普宣传的内容就能得到最大限度的利用,降低宣传成本并提高宣传力度。

(二)提供和谐互动平台,实现服务社会化

因为群众文化服务机构通常并不设立一线窗口单位,因而缺少了很多与群众直面交流的机会,但工作的性质又要求群众文化工作深入群众,依照传统一对多的传播形式,迫于人员的匮乏,群众文化工作无法完全实现社会化。但是新媒体的使用就可以打破这一僵局,利用网络的扁平化特征设立虚拟的一线窗口,通过官方账号、互动平台将服务机构与文化受众对接,能真正实现群众文化服务社会化。

科协经常举办科学讲座、科技培训等活动,但如何选题始终是最关键的问题,因为很难在保证活动即时性的同时迎合所有受众的意愿。但是开设官方微博与微信公众号后,可以通过发起问卷调查、筛选数据等手段,罗列出公众倾向的话题,并及时开展相关的系列活动,能够实实在在地帮助受众解决问题,让科学传播、科技推广真正落地。

(三)整合信息资源碎片,确保传播一致性

不论是传统媒体还是新媒体的传播过程中,信息往往都是以多点碎片状态存在的,如果不能尽可能将所有碎片拼接在一起,就有可能造成盲人摸象的后果,这个问题在科学文化传播中尤其明显。新媒体的网络特点使得任何信息都有可追溯性,在传播过程中可以将有关的链接、图片、视频、文字都整合在一起,全方位地还原被传播对象,甚至对同一事物的不同评论、不同介绍都可以保留,让公众有对比有选择。

如2015年,中国科学家屠呦呦获得诺贝尔生理学或医学奖,成为第一个获得诺贝尔自然学奖的中国人。之后杭州科协开展了一系列与青蒿素相关的科学讲座与展览普及,在活动中面对"是否意味着中医获得肯定""青蒿素的萃取争议"等问题,受邀的科学家都一一做了回答,尽管参与活动的记者作了详尽报道,但也不能把所有内容都放进报纸进行传播,那么在取舍中就会有一部分信息丢失。而在科协网站上共享的活动视频,就能完全重现科学家的讲座与回答。可见,新媒体在保证科学传播的一致性与完整性上,具备更加严谨的特征。

二、新媒体时代群众文化活动开展的新形式

在新媒体时代背景下,群众文化单位在工作中要认识到新媒体的重要作用,积极采取有效措施,抵制新媒体的消极影响,充分发挥新媒体的积极作用,从而推动群众文化活动的有效开展。

(一)借助新媒体资源优势,丰富群众文化内容

目前,网络信息技术在各行各业得到广泛应用,为新媒体创造了丰富的信息资源。群众文化活动可以充分利用新媒体的资源优势,不断丰富文化信息储备量和活动内容。例如,通过网络搜集各种传统文化的相关知识,然后指导群众文化活动的开展,同时对不良信息与恶意信息进行有效的控制和过滤。新媒体的信息资源还具有更新快速、及时的特点,可以使群众文化活动紧跟时代的步伐,将更加新鲜的文化热点展现给群众,增加群众文化内容的吸引力,进而激发群众的参与热情。

(二)利用新媒体载体,构建群众文化活动平台

新媒体发展十分迅速,群众文化活动要充分利用新媒体,拓宽传播途径,从而实现群众文化活动形式的创新。传统的群众文化活动大部分通过面对面的交流传播信息,很多群众的参与积极性较低,难以达到理想效果,在新媒体时代,群众文化活动的组织者可以通过QQ、微信、微博等载体建立群众文化活动组织体系,通过网络向各个单位或个人发送活动文件,有效增强活动的组织效率。同时,参与的群众还可以在QQ、微信等群组中进行讨论和交流,商定文化活动的相关内容和细节,从而推动活动的有效开展。

(三)利用新媒体技术,丰富群众文化活动形式

新媒体技术不断发展,涉及视频、音频、图像处理技术,为丰富群众文化活动的形式提供了技术支持。在利用新媒体构建群众文化活动平台的过程

中,可以充分利用新媒体技术的表现形式,为群众文化活动增添活力。文化单位可以通过动画、漫画、小视频、小游戏等形式对群众文化进行宣传,这种形式更加符合群众的娱乐文化需求,使得群众乐于接受,能够起到很好的宣传教育效果。例如,对政府的政策进行宣传时,可以将相关内容制作成动画,让各个年龄段的群众积极参与进来,增强群众文化的宣传效果。

(四)借助新媒体技术,推动文化单位信息化建设

文化单位是群众文化活动开展的重要基地,随着新媒体技术的不断发展,很多文化单位进行了信息化建设与改造,朝着共享化、便捷化、智能化的方向不断发展。文化单位要借助新媒体技术,建立官方文化网站,将文化单位内的文化艺术信息和活动开展情况公布到网上,为群众获取相关信息提供便利途径。此外,文化单位还可以利用网络技术,开发具有单位特色的手机客户端,可以将政策、法治、文化等信息融进去,让群众能够通过手机轻松、方便地了解相关文化动态。

(五)掌握新媒体内涵,培养新型文化工作者

群众文化活动的顺利开展需要一支专业素质较强的文化工作队伍。在新媒体时代,群众文化工作者需要结合现代化信息技术,不断提高自身的综合素质。文化单位要加大投入力度,为文化工作者的教育和培训工作提供充足的资金保障,通过定期组织相关的专业素质和技能培训活动,在提升文化工作者基本文化素养和职业道德的同时,加强其新媒体技术方面的应用能力,从而为信息化的群众文化活动提供人才保障。此外,文化单位还可以通过网上征集、网上培训、网上考核等方式,加强对文化工作者的管理,提升整个队伍的专业水平。

总而言之,群众文化活动是社会精神文明建设的重要组成部分。在新媒体时代,群众文化活动的开展面临机遇与挑战并存的局面,文化单位要对新媒体进行充分的了解和掌握,充分发挥新媒体技术的优势,从内容、形式等方面对群众文化活动进行完善,不断丰富人民群众的社会文化生活。

第三节 新媒体在群众文化建设中的发展路径

现代社会是多元化、信息化、高效率的社会,交通方便,资讯发达,新旧媒体轮番"轰炸",令人应接不暇。人们了解情况、掌握信息的渠道有很多,可供选择的娱乐和休闲方式也多种多样。在开展群众文化活动过程中,想要吸引更多的人参与进来,形成轰动效应,逐步达到"群众演、群众赛、群众看、群众评、群众乐"的目的更是不容易。在这种情况下,依托新媒体,尤其是互联网的作用来积蓄正能量、发挥正能量、释放正能量是非常必要也是非常有效的。例如,手机、电视、电脑在中国已经非常普及,而新媒体时代的手机、电视和电脑也已经实现互联,无论对传播资讯方还是对了解情况方,都非常方便、快捷、高效,可以极大地提高群众文化发展的效率。

一、群众文化是推动社会主义文化繁荣发展的基础力量

当今世界科学技术飞速发展,以互联网、手机等为代表的新媒体技术日益成为人们学习、生活、工作的重要载体,在很大程度上也改变了人们传统的生活、生产、交流、学习等方式,这也对群众文化工作发展提出了新的更高的要求。新时期,面对新形势、新任务、新要求,如何更好地发挥新媒体的积极作用,完善群众文化网络信息平台建设,对于提高群众文化建设的针对性和实效性,提升群众文化的吸引力和感染力,推动社会主义先进文化的发展具有重要作用。

(一)充分认识群众文化建设的重要性

文化是民族凝聚力、向心力和创造力的重要源泉。党的十八届三中全会提出,建设社会主义文化强国,必须坚持社会主义先进文化前进方向,坚持中国特色社会主义文化发展道路,坚持以人民为中心的工作导向,进一步深化文化体制改革,为推进社会主义文化发展提供了重要方针,指明了前进方向。群众文化是推动社会主义文化繁荣发展的基础,群众文化阵地建设是开展群

众文化活动、传播先进文化的载体。深入推进文化惠民、文化利民工程,是群众文化工作的出发点和落脚点,是构建社会主义和谐文化的重要基础。因此,加强群众文化建设,既是丰富广大人民群众文化生活、构建社会主义和谐社会、促进经济社会发展的重要举措,也是推动社会主义文艺大发展大繁荣、实现中华民族伟大复兴的重要保障。

(二)深刻分析群众文化建设的基本现状

历年来,党和国家高度重视群众文化建设,在各级党委、政府的关心支持下,广大群众文化工作者自觉响应时代和人民的召唤,以昂扬的精神状态、积极的工作热情,通过不同形式,广泛深入歌颂国家、民族和人民的伟大实践,群众文化工作呈现出了百花竞放、异彩纷呈的良好局面,群众文化创作更加积极,群众文化队伍更加意气风发,文化惠民活动蓬勃开展,文化服务体系建设扎实推进,群众文化建设取得了明显成效。

(三)清醒把握群众文化面临的新形势

当今社会,随着经济社会快速发展,人民群众对精神文化生活要求越来越高。广大群众迫切希望业余文化生活能够更加丰富,公共文化设施更加完善,公共文化服务体系更加健全,公共文化生活环境更加洁净,人们的生活不再单调,不再是在麻将桌上消磨时光,不再是在社区里"扯闲话",而是在社区综合文化站里读书、上网,或者是早晚在广场参与群众文化活动。然而,新形势下,如何进一步激发社区居民的活力,让公共文化生活真正"活"起来,营造积极向上的精神文化氛围,成为广大群众文化工作者需要深入研究和探索的重要课题。

二、新媒体对群众文化活动的影响

基于实效性角度审视新媒体技术对公众参与社会活动方式的改变能够发现,新媒体技术使得公众的精神文化诉求得到满足,不过同时也使传统文化无法保持对公众的吸引力。有鉴于此,应辩证地分析新媒体技术对群众精神文化活动的影响,从而实现对其中正面效用的发扬,以及对负面效应的摒弃。

(一)新媒体给群众文化活动带来的挑战

新媒体对于传统群众文化活动的开展会造成很大的冲击。新媒体技术依托信息技术创设而来,其以视频、音频、图片等形式实现使用者之间的高效信息传递与互动,新媒体具有交互性与及时性,且不受时间与空间的限制等特点,这对于传统的群众文化活动来说,是一个巨大的挑战。新媒体传播方式和表现形式的快捷多样,使得广大群众可以随时随地获得自己想要的信息,因此对群众文化活动的关注度与参与度会下降。

新媒体在媒体使用与内容选择上更具个性化,可以做到面向更加细分的受众,而传统群众文化活动由于条件的限制,在信息容量与种类上都有着很大的局限性。新媒体的互动性和参与性能够充分调动受众群体的积极性,能够让群众在互动体验中获得更加深刻的自我满足感,新媒体在信息的种类与容量上都具有极大的优势,可以充分满足受众对于多种多样的文化知识与信息的需求,这也是很多群众更愿意通过电脑或者手机进行文化信息的浏览与阅读,而对于参加群众文化活动却没有太大兴趣的原因。这也使得群众参与群众文化的积极性降低,增加了群众文化活动开展的难度。

值得注意的是,新媒体中还存在许多不良信息,如虚假信息与网络诈骗等,也会存在一些造谣生事、煽动群众、诋毁社会形象的恶意信息,这些也都会给群众文化活动的开展造成一定的阻力。

(二)新媒体给群众文化活动带来的机遇

事物往往都具有双面性,新媒体技术的普及应用为群众文化活动提供了全新的发展契机。从某种程度上来说,新媒体同样丰富了群众文化活动的内容形式,使得群众文化活动的拓展和外延得以扩大,实现了对传统群众文化活动传播模式与内容方面的创新。尤其是新媒体技术以其高速的信息传播性及受众的广泛性,使得群众文化的传播获得全新的传播介质,为群众提供了实现线上文化高效互动的契机,给传统群众文化的变革带来了更多的可能性。新媒体在传播群众文化活动的同时,本身也必将成为群众文化活动的一部分,使群众文化活动的开展突破空间与时间限制,可以在更广阔的平台上施展,使得群众文化的交流学习更为便捷。新媒体提供了多元文化的对接交流平台,使各个地区、风格迥异的群众文化活动的交流不再受到时间、空间的限制,为群众文化活动的开展提供了一个便捷的互动交流平台;另外,新媒体具有个性化特征,可以通过互动更好地了解每一个受众的文化喜好与心理倾向,这使新媒体信息能够更好地针对群众的个体需求,提供更加个性化的服务,使群众文化活动更具有吸引力。

当今社会,以网络新媒体为代表的网络信息技术快速发展,已经日益深入社会各领域,成为各种思想文化交流、交融、交锋的新阵地。新媒体环境下的基层群众文化建设应科学把握新媒体发展的新形势、新特点,充分认识新媒体环境下,群众文化工作的着力点,这对于提升群众文化针对性和实效性,增强群众文化的吸引力和感染力,具有重要意义。

三、促进新媒体在群众文化中发展的对策思考

新媒体在带来言论繁荣的同时也带来了言论失控与社会动荡的风险。如何看待这些问题,研究有效解决对策,对于新媒体的健康发展与社会的和谐稳定起着至关重要的作用。因此,针对上述几点问题,有以下几种解决措施。

(一)借助广大受众的社会监督控制,健全信息审核平台

信息审核是筛选网络信息是否适合传播的第一道门槛,在网络飞速发展的过程中,建立健全信息审核机制,有利于从源头上有效遏制不良网络信息的大面积传播,将不良信息消弭在初始阶段。然而,在数量巨大的网民面前,这样的审核并不好开展,因此,应借助广大受众的力量。由于受众是网络信息的直接受传者,同时,是网络低俗虚假信息的第一受害人。因此,受众具有对媒介活动进行监督的正当权利。受众可以通过个人信息反馈等手段建立民间信息审核平台,由"公众利益"来制约网络虚假信息的发展。

(二)完善网络法律法规,逐步形成规范的网络秩序

在新媒体飞速发展的同时,法律规范应当如期而至。但是,目前来看,关于网络规范方面的立法资料还相对较少,在网络大面积普及的情况下还存在许多有待完善的法律法规。因此,应加快推进网络立法建设,依法治网,建立健全网络规范与监督,注重保护公民的隐私权与著作权,使民众在享受自己言论自由的同时也可以更好地履行自己的义务,不至于为了追求个人的利益而罔顾他人的合法权利,并在此基础之上,逐步形成规范的网络秩序,以保证网络的健康发展。

(三)加强国家政府的舆论管控,引导舆论向正确方向发展

传播学教授郭庆光认为:"国家和政府的政治控制是媒介控制的主要方面,这种控制的目的是通过法律法规和政策,来保障媒介活动为国家制度、意识形态以及国家目标的实现服务。它主要包括以下几个方面:规定传媒组织的所有制形式;对传播媒介的活动进行法治和行政管理;限制或禁止某些信息内容的传播;为传播事业的发展制定总体规划或实行国家援助。"

国家与政府作为强有力的管理者,在解决新媒体存在的问题上也居于主导地位。国家和政府对新媒体发展的重视和关注,将对新媒体存在问题的解决与舆论的正确引导有着重要的指导作用。面对复杂的网络环境,只有国家和政府站出来指导舆论方向,切实加强网上正面宣传,才能有效解决问题,使互联网真正成为传播先进文化的崭新阵地,成为教育的重要渠道和有效载体。

(四)依托政府支持,加大技术监控治理力度

从新媒体信息的传播过程来看,新媒体传播是产业链式的传播。整个传播过程需要涉及内容提供商、内容集成商、移动平台提供商、移动运营商、终端提供商、渠道合作伙伴等诸多环节。因此,新媒体的内容安全,也同样需要产业链中各个环节的密切合作。在移动互联网环境下,构建针对有害内容源、有害内容传播渠道及最终目标(移动终端、平板电脑)的全生态系统的防

护体系,才能对信息内容进行有效监管,从而保障移动互联网健康、有序地发展。

因此,应以政府为依托,研究不良信息传播的演化机制,加强对网络通信软件、网络传输内容的管理。规范应用商店对通信软件的检验和测试流程,使用户尤其是抱有求异心理的未成年用户在浏览信息时受到一定的合理制约,使互联网的网络信息体系更加干净与安全。

(五)媒体人增强自身自律感,坚守职业道德提高"公信力"

媒体的"公信力"来自媒体人的自律与其对于职业道德的坚守,作为一个媒体人,其最基本的职业操守便是在威胁与利益面前,坚守媒体从业者客观公正的态度,也只有这样,才能获得公众的信赖。面对问题深入调查、客观负责地评论,促进积极信息的传播,这是网络媒体的责任与义务。通过"自律"换"自由",以自律公约的形式强化自我约束和管理力度,才能获得媒体公信力,从而使网民拥有一个健康阳光的网络环境,向社会传递出"正能量"。

(六)提高网民素质,实行网络实名制

在网络普及的同时,也应该注重培养网民的思考与辨别能力,正确对待真实客观的信息报道,以避免将谣言信以为真而产生情绪激化。此外,网络的虚拟性也是网络存在大量谣言的重要原因,虚拟身份使得一些网民认为自己可以摆脱法律的规范而大肆造谣散布非法信息。在一些主要领域实行实名制则可以辅助网络法治建设,规范网民的行为,也为网络安全与"清网"行动提供了便捷。

找出解决新媒体存在问题的对策是社会安定与和谐的必由之路。在未来,新媒体将以更快的速度普及发展,其对社会的影响也将与日俱增。如何良好地解决新媒体存在的问题,是需要国家、政府、媒体人乃至每一个公民共同努力的,也只有这样,新媒体才能健康发展,社会也才能更加和谐安定。

参考文献

[1]韩惊波.群众文化服务研究[M].延吉:延边大学出版社,2020.

[2]黄燕.群众文化探究[M].北京:团结出版社,2020.

[3]宋晓明.河北省文化产业创新发展与升级研究[M].河北:燕山大学出版社,2020.

[4]孙大为.现代群众文化与艺术研究[M].北京:现代出版社,2020.

[5]王琴.群众文化建设与社区艺术技能教育工作研究[M].北京:台海出版社,2022.

[6]闻静.现代群众文化策划工作实务[M].北京:中国纺织出版社,2021.

[7]吴理财.文化、发展、服务与治理[M].北京:光明日报出版社,2020.

[8]杨金辉.校园文化建设和学生管理工作的互动机制[M].北京:中国原子能出版社,2020.

[9]张皓作.艺术与传播新媒体时代下的中国当代艺术[M].杭州:中国美术学院出版社,2021.

[10]张慧瑜,王洪喆,温铁军等.城乡互助:群众文艺的案例与经验[M].重庆:西南大学出版社,2022.